UMA BREVE HISTÓRIA DA
SEGUNDA GUERRA MUNDIAL

UMA BREVE HISTÓRIA DA SEGUNDA GUERRA MUNDIAL

O MAIOR CONFLITO DA HISTÓRIA DA HUMANIDADE

NIGEL CAWTHORNE
COM
KAREN FARRINGTON E PAUL ROLAND

m.Books

M.Books do Brasil Editora Ltda.

Rua Jorge Americano, 61 - Alto da Lapa
05083-130 - São Paulo - SP - Telefones: (11) 3645-0409/(11) 3645-0410
Fax: (11) 3832-0335 - e-mail: vendas@mbooks.com.br
www.mbooks.com.br

Dados de Catalogação da Publicação

Cawthorne, Nigel
Uma breve história da II Guerra Mundial / Nigel Cawthorne.
São Paulo – 2015 – M.Books do Brasil Editora Ltda.

1. História 2. Guerras e batalhas 3. II Guerra Mundial

ISBN: 978-85-7680-263-1

© 2015 por M.Books do Brasil Editora Ltda.

Editor: Milton Mira de Assumpção Filho

Produção Editorial: Carolina Evangelista

Capa: Zuleika Iamashita

Editoração: Crontec

2015
M.Books do Brasil Editora Ltda.
Proibida a reprodução total ou parcial.
Os infratores serão punidos na forma da lei.
Direitos exclusivos cedidos à
M.Books do Brasil Editora Ltda.

SUMÁRIO

1. O CAMINHO DA GUERRA 11
   O Plano Quadrienal 14
   Reocupação da Renânia 15
   Áustria 15
   Xeque-mate 16
   Paz em nosso tempo 18
   Pouco demais, tarde demais: o destino da Polônia 19
   Véspera da guerra 19

2. GUERRA NA EUROPA 21
   A corrida para a Noruega 25
   O caminho de Dunquerque 28
   Marinheiros amadores 31
   A Batalha da Grã-Bretanha 32
   Asas da morte 35
   A invasão de Creta 38
   Aquisição custosa 38

3. GUERRA NO DESERTO 41
   O cerco de Tobruk 42
   Investida sobre Gazala 44
   El Alamein 45
   Novos preparativos 48
   Equilíbrio 50
   Superados 51
   Dando as costas 52
   Operação Tocha 53
   Pesadas baixas 54
   A Batalha de Túnis 57

4. A FRENTE RUSSA 58
   Progresso rápido 61
   Avanço rápido 64
   A solução final 66
   Stalingrado 67
   Ligação vital 69
   Campo da morte 73

5. GUERRA NO PACÍFICO 75
   Conflito em formação 76
   Aposta improvável 79
   Sob ataque 80
   O Ataque de Doolittle 82
   A Batalha do Mar de Coral 83
   A Batalha de Midway 85

6. A BARRIGA VULNERÁVEL 88
Operação Husky 90
Sitiado 92
A invasão da Itália 93
Salerno 93
Anzio 95
Monte Cassino 96
A morte do ditador 97

7. A LIBERTAÇÃO DA FRANÇA 99
Prontos para retumbar 100
O Dia D 101
Ponte Pégaso 103
As praias britânicas 103
As praias americanas 105
Batalha de Villers-Bocage 106
Caen 107
Portos Mulberry 108
Rompimento a leste 109
A brecha de Falaise 111
Em fuga 111
A libertação de Paris 114

8. A MARCHA SOBRE A ALEMANHA 115
Defesas soviéticas 116
Exército Vermelho em vantagem 117
Recuo 118
Os Países Baixos 120
Uma ponte longe demais 120
A Batalha das Ardenas 123
O massacre de Malmédy 123
Combate ao clima 125
A campanha de bombardeio 125
O bombardeio de Dresden 129

9. DENTRO DO REICH 130
Dentro dos campos nazistas 132
O fedor da morte 133
Do Vístula a Berlim 135
Pouco alívio 137
Retirada estratégica 138
Espaço para respirar 138
A guerra está perdida 140
Himmler rebaixado 141
Sinal verde 142
Mentalidade de *bunker* 142
Medidas desesperadas 144
Os ratos abandonam o navio naufragado 144
Últimos dias do malfadado regime 145

A bandeira vermelha voa alto 147
Custo final 148

10. O EXTREMO ORIENTE 149
Guadalcanal 154
As Ilhas Salomão orientais 158
Nova Guiné 161

11. BIRMÂNIA 163
Bandeira branca 164
Especialistas em sabotagem 165
Os Chindits 166
Forças esgotadas 167
A vida simples 168
Imphal e Kohima 169
Quem controla Kohima controla o desfiladeiro 170
Jogo de apostas altas 171
Retirada japonesa 172
Fim do cerco 173

12. DE ILHA EM ILHA 174
As Ilhas Aleutas 175
Operação Galvanic 176
Operação Flintlock 177
As Ilhas Marianas 179
A Batalha do Mar das Filipinas 180
Guam 180
O bombardeio do Japão 180
A guerra sob o mar 182
A Batalha do Golfo de Leyte 182
Batalha do Mar de Sibuyan 183
O vento divino 186
Iwo Jima e Okinawa 189
Sobe a bandeira 192

13. FIM DE JOGO 195
Lançamento de Little Boy 197
Rendição 199
Julgamentos de crimes de guerra 201
O acerto de contas 202
Julgamentos e tribulações 203
Reparação 204
Pendências resolvidas 205
Até o último homem 206

A Segunda Guerra Mundial foi o principal evento do século XX. Embora dificilmente possa ser considerada mera preliminar, a Primeira Guerra Mundial – a Grande Guerra ou a "guerra para acabar com todas as guerras" – ficou confinada principalmente à Europa e ao Oriente Médio. Já a Segunda Guerra Mundial envolveu também a Ásia e o Pacífico.

A Segunda Guerra Mundial é uma consequência da Primeira. Durante a Grande Guerra, reveses militares provocaram uma revolução que derrubou a monarquia czarista e instalou na Rússia um governo comunista que, em 1922, caiu nas mãos de Josef Stalin. A queda das monarquias de Viena e Berlim abriu caminho para governos democráticos fracos que foram facilmente derrubados.

Na Primeira Guerra Mundial a Itália foi aliada da Grã-Bretanha, da França e, depois, dos Estados Unidos. Embora vitoriosa, sentiu-se frustrada com o acordo do pós-guerra. A crise econômica resultante provocou instabilidade política e desembocou na ascensão de Benito Mussolini, o ditador fascista, em 1922. Então, Adolf Hitler, veterano de guerra austríaco que encabeçava um pequeno partido político da Baviera, adotou Mussolini como modelo.

Como muitos na Alemanha, Hitler não achava que seu país tivesse perdido a guerra. Na verdade, a luta foi encerrada em 11 de novembro de 1918 por um armistício. No entanto, na conferência de paz realizada em Versalhes no ano seguinte, impôs-se à Alemanha um tratado de paz que limitava suas forças armadas às de uma potência menor, cobrava indenizações que provocaram colapso econômico e caos político, a privava de suas colônias e encolhia suas fronteiras, o que deixou, em países vizinhos, centenas de milhares de alemães étnicos que ainda se sentiam leais a Berlim.

O Japão também foi aliado da Grã-Bretanha, da França e dos Estados Unidos na Primeira Guerra Mundial. Embora pouco participasse dos combates, a venda de suprimentos aos Aliados provocou uma expansão econômica e, no fim do conflito, o Japão surgiu como grande potência industrial e militar. No entanto, na Conferência de Versalhes negou-se aos japoneses a cláusula de igualdade racial que desejavam, e eles só receberam metade do que achavam ser seu quinhão de colônias alemãs no Extremo Oriente e no Pacífico. A delegação nipônica abandonou a conferência.

Contudo, a concessão alemã de Shandong, entregue ao Japão em vez de devolvida à China, logo foi causa de conflito. O Japão, então, considerou a expansão no continente asiático como cura para a depressão do pós-guerra, e os militaristas assumiram o poder. Com governos fascistas no poder da Alemanha e da Itália, os lados foram atraídos para o maior e mais devastador conflito militar que o mundo já viu.

A Primeira Guerra Mundial também forneceu aos combatentes novos armamentos, principalmente veículos blindados e aeronaves militares. Isso exigiu novas táticas que tornaram a guerra rápida e fluida. Agora o conflito bélico era um processo industrial. Não envolvia mais vastos exércitos diante uns dos outros em batalhas formais ou em linhas fixas. Dessa maneira, os civis foram envolvidos em um nível maior que antes. Nesse momento os operários que produziam armas e suas famílias eram alvos a serem mortos, aleijados, aterrorizados e deixados sem teto.

Acredita-se que cerca de 55 milhões de pessoas pereceram na guerra. Não há estimativa confiável de quantos se feriram ou ficaram permanentemente incapacitados. Só a União Soviética perdeu 18 milhões de pessoas, inclusive civis. A louca aventura de Hitler custou à Alemanha 4.280.000 vidas, com cinco milhões de militares feridos. A China perdeu 1.310.000 militares e 1.752.951 feridos. Mas os milhões de civis mortos em consequência de várias batalhas, bombardeios, sítios, massacres, fome e doenças provocados pela guerra ainda não foram contados.

O Japão perdeu 1.300.000 combatentes e somou quatro milhão de feridos, além de 672 mil civis mortos. A Polônia teve 5.675.000 mortos e perdeu cerca de 20% da população anterior à guerra. A Rússia e a Iugoslávia perderam cerca de 10%; a Alemanha, um pouquinho menos. Além disso, há os 5,7 milhões de judeus assassinados nos campos de extermínio.

A Grã-Bretanha perdeu 357.116 cidadãos, dos quais 92.673 civis, e foram feridos 277.077 militares. No total, a Commonwealth britânica perdeu 466.045 vidas e teve 475.047 feridos, enquanto os Estados Unidos perderam 298.131 pessoas, inclusive seis mil civis, e teve 671.801 feridos.

Na Grã-Bretanha, cerca de 30% das residências foram destruídas na Blitz. França, Bélgica, Países Baixos e Grécia perderam aproximadamente 20% das residências, e a Polônia em torno de 30%.

A Pesquisa de Bombardeio Estratégico dos Estados Unidos constatou que 39% das casas foram destruídas nas 49 maiores cidades da Alemanha. No Japão, 30% dos habitantes urbanos perderam seu lar e suas posses com a devastação de 40% da área construída de 66 cidades japonesas.

Em 1945, havia cerca de 21 milhões de refugiados na Europa. Mais da metade eram pessoas tiradas da terra natal como mão de obra escrava. Cinco milhões de prisioneiros de guerra e trabalhadores forçados soviéticos voltaram a pé para casa, no leste, enquanto mais de oito milhões de alemães voltaram para oeste, saindo da zona de ocupação soviética.

Durante a guerra, a Índia sofreu uma escassez de comida, que só piorou com o desvio de alimentos e meios de transporte para suprir a Grã-Bretanha e suas forças armadas. E a China passou por inundações e epidemias, enquanto a maioria de seus hospitais foi destruída.

Estima-se que a guerra custou aos beligerantes mais de um trilhão de dólares. Isso não inclui os prejuízos à economia provocados pela matança de homens em boas condições físicas, a destruição de lojas, fábricas e infraestrutura, nem a contribuição dada por trabalhadores forçados. E ninguém dá valor monetário ao sofrimento, à desgraça e às privações provocadas pela guerra.

E os efeitos não pararam por aí. A Segunda Guerra Mundial deixou a Europa – o mundo, na verdade – dividida, com ambos os lados acumulando armas nucleares e mísseis balísticos desenvolvidos durante o combate. Esse impasse armado, a Guerra Fria, durou até a queda do Muro de Berlim, em 1989, e a reunificação alemã em 1990.

Na China, os comunistas, que durante a Segunda Guerra Mundial combateram os japoneses, tomaram o poder em 1949. E ainda estão no comando até hoje.

Nigel Cawthorne, Bloomsbury

A bomba atômica explode sobre Hiroxima, 6 de agosto de 1945.

Capítulo 1

O CAMINHO DA GUERRA

Três anos depois de terminar o *Mein Kampf*, seu testamento político, Adolf Hitler escreveu um segundo volume sem título que não publicou. Ele percebeu que não poderia se dar ao luxo de deixar os outros perceberem sua convicção inabalável de que uma segunda guerra europeia, além de inevitável, era necessária. Era a única maneira de assegurar o *Lebensraum* – "espaço vital" – do povo alemão.

"Toda nação saudável e não conspurcada [...] vê a aquisição de novo território não como algo útil, mas como algo natural [...] Quem banisse da Terra, por toda a eternidade, esse tipo de disputa talvez desse fim à luta do homem contra o homem, mas também daria fim à maior força de evolução do planeta", escreveu.

Era esse o pensamento de Hitler em 1928, que continuou a ser a pedra fundamental de sua política externa quando chegou ao poder. O destino da Alemanha era se envolver em uma luta de vida ou morte com as nações eslavas para provar a superioridade da raça ariana. Se a Alemanha se mostrasse merecedora, a recompensa seria, além de uma vasta extensão de rica terra agrícola e um suprimento quase ilimitado de mão de obra escrava, também os recursos naturais da Crimeia e da Ucrânia. Essas regiões continham os vastos campos petrolíferos fundamentais

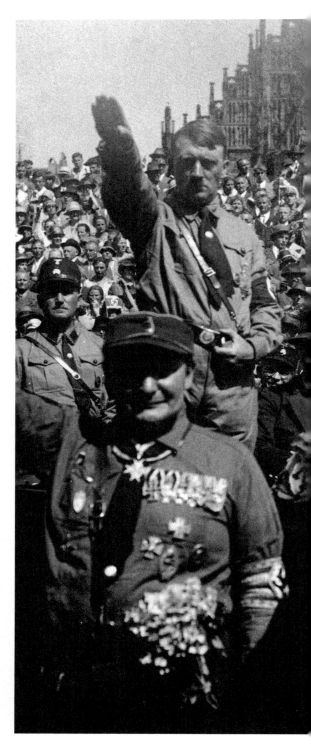

De acordo com um assessor, Hitler (visto aqui em Nuremberg, em 1928) tinha uma "necessidade patológica de batalhas" e confidenciou certa vez que a "necessidade de atacar" sempre fizera parte de sua natureza. A guerra era inevitável.

12 UMA BREVE HISTÓRIA DA SEGUNDA GUERRA MUNDIAL

Arte de inspiração nazista: três rapazes se esforçam para empurrar minério de ferro morro acima em um campo de trabalho. Todos tinham de andar na linha e auxiliar o esforço de guerra ou sofrer as consequências.

para sustentar um império moderno e sua máquina de guerra.

De acordo com um assessor, Hitler tinha uma "necessidade patológica de batalhas". Ele confiou, certa vez, a seus comandantes que a "necessidade de atacar" sempre fizera parte de sua natureza, e que a guerra, quando viesse, seria o mesmo combate que ele já travara dentro de si. Hitler acreditava que a guerra era a meta final da política e dava ao agressor a oportunidade de "limpar" a terra conquistada de "gente inapta e sem valor".

Mas, em 1933, Hitler não estava em condições de buscar a guerra na Europa. O efetivo do exército alemão era de menos de cem mil homens, número imposto pelo Tratado de Versalhes no final da Primeira Guerra Mundial. Até a Polônia tinha o dobro desse efetivo, e a França, uma força muito superior; recordar os sacrifícios feitos na guerra de 1914-18 favoreceu uma estratégia defensiva. Os franceses entrincheiraram-se atrás da Linha Maginot, 140 km de fortalezas e casamatas que corriam paralelas à fronteira alemã, da Bélgica à Suíça. Além disso, a Renânia, na fronteira ocidental da Alemanha, fora fechada às forças armadas alemãs como zona de proteção entre esta e a França.

Hitler sabia que daria aos franceses uma desculpa para invadir a Alemanha caso se rearmasse, em desrespeito declarado ao Tratado de Versalhes. Assim, em outubro de 1933 ele exigiu que franceses e britânicos reduzissem seus armamentos, sabendo muito bem que se recusariam. Isso lhe deu uma desculpa para retirar sua delegação da conferência de Genebra sobre desarmamento e sair da Liga das Nações, a antecessora das Nações Unidas.

O segundo estratagema de Hitler foi assinar um pacto de dez anos de não agressão com a Polônia em janeiro de 1934. Isso causou um distanciamento entre os Aliados e deu aos poloneses razões para adiar a modernização de suas forças armadas.

A região do Saar, rica em carvão, tinha sido ocupada pela Liga das Nações como parte das indenizações de guerra, mas, segundo os termos do Tratado de Versalhes, foi devolvida quando os habitantes votaram a favor da reunificação. Isso deu à Alemanha uma grande fonte de combustível para o programa de rearmamento. Em março de 1935, Hitler anunciou a formação da Luftwaffe, a nova força aérea alemã, sob o comando do marechal de campo Hermann Göring, e a adoção do serviço militar obrigatório. Ambas as medidas eram violações gritantes ao Tratado.

O CAMINHO DA GUERRA 13

Então, Hitler perguntou aos britânicos se podia aumentar a marinha alemã para no máximo um terço da esquadra britânica. Incrivelmente, eles concordaram. A tênue aliança de países antialemães se desfez quando, em outubro de 1935, o ditador italiano Benito Mussolini invadiu a Etiópia e demonstrou a impotência da Liga das Nações.

Na Alemanha, Hitler começou sua perseguição aos judeus, que ele culpava pela derrota do país na Primeira Guerra Mundial e pela depressão da década de 1930. Para os nazistas, o antissemitismo virou política de governo. Aprovou-se uma série de leis para excluir os judeus da vida pública alemã. Eles foram expulsos do serviço público, da educação, das universidades, da medicina e do jornalismo. As leis de Nuremberg, de 1935, privaram os judeus de cidadania e os proibiram de casar com não judeus.

O Plano Quadrienal

Em 1936, Hitler iniciou o Plano Quadrienal, que assegurava que, até 1940, tudo estivesse em ordem para uma guerra em grande escala na Europa ocidental. O primeiro passo foi reduzir a dependência da Alemanha da importação de petróleo, borracha e minério de ferro, com a produção de combustível e borracha sintéticos e o aumento dos estoques de minério de ferro de baixa qualidade.

Enquanto as fábricas trabalhavam para rearmar o Reich, os futuros pilotos da Luftwaffe de Göring treinavam em segredo, usando planadores sob o disfarce da Liga de Esportes Aéreos. Antigos regimentos de cavalaria foram desmobilizados, e seus homens familiarizaram-se com a maior mobilidade e o poder

Il Duce e Der Führer passam juntos por Munique em junho de 1940. A Guerra Civil Espanhola os reuniu, e a audaciosa reocupação da Renânia por Hitler cimentou a aliança.

de fogo de pequenos veículos blindados. Logo os tanques estariam saindo das linhas de produção. Seus comandantes estavam sendo treinados para participar de uma nova forma de guerra rápida e mecanizada, a chamada *Blitzkrieg* – "avanço relâmpago" –, desenvolvida pelo general Heinz Guderian e outros oficiais de vanguarda.

Reocupação da Renânia

O passo seguinte de Hitler foi deslocar soldados para a Renânia – 24.475 km² de território alemão fronteiriço a Holanda, Bélgica e França. Segundo o Pacto de Locarno, de 1925, a região fora desmilitarizada. Ele sabia que se recuperasse a Renânia, que incluía a importante cidade de Colônia, sua reputação dentro do país melhoraria. Assim, na manhã de 7 de março de 1936, 22 mil soldados alemães marcharam para a zona desmilitarizada sob aplausos dos habitantes que lhes jogavam flores.

Um destacamento de dois mil soldados atravessou as pontes até Colônia, com ordens secretas de voltar caso os franceses se opusessem à travessia. Mas não se viu um único soldado francês. A popularidade de Hitler disparou. Enquanto isso, ele vendia carvão e armas aos italianos, e os dois países uniram forças na luta contra os comunistas na Guerra Civil Espanhola, que durou de julho de 1936 a março de 1939.

Áustria

Então, os olhos de Hitler voltaram-se para a Áustria, onde nascera. Na verdade, ele só se tornou cidadão alemão em 1932, um ano antes de chegar a chanceler. No início da década de 1930 havia quarenta mil filiados ao Partido Nazista ativos em Viena. Com medo de uma rebelião armada, em março de 1933 o chanceler austríaco Engelbert Dollfuss tornou ilegal o Partido Nazista. Em julho de 1934, Hitler mandou 150 soldados das SS atravessarem a fronteira, com fardas austríacas, atacarem o gabinete vienense e matarem Dollfuss. Eles conseguiram mobilizar o exército austríaco, que os prendeu.

Madri, 1939: os falangistas comemoram a vitória, inspirando outros fascistas europeus a pegarem em armas.

Na teia da aranha: Neville Chamberlain é recebido no Berchtesgaden por Hitler e seu principal intérprete, Paul Schmidt. A política de apaziguamento de Chamberlain custou caro aos tchecos.

Dollfuss foi sucedido por seu vice, Kurt von Schuschnigg. Em 12 de fevereiro de 1938, Hitler convocou Schuschnigg a seu retiro em Berchtesgaden, na Baviera, e exigiu que suspendesse a proibição do Partido Nazista austríaco e nomeasse nazistas para ministérios importantes. Então, Schuschnigg foi forçado a realizar um plebiscito para que o povo austríaco escolhesse entre a independência e o Anschluss, ou seja, a união com a Alemanha.

Em 11 de março de 1938, véspera da votação, Schuschnigg soube que Hitler dera ordens de invadir. Renunciou e foi sucedido pelo pró-nazista Arthur Seyss-Inquart. Na manhã seguinte, o 8º Exército alemão atravessou a fronteira e ocupou a pátria de Hitler sem dar um tiro. Naquele mesmo dia, Hitler apareceu pessoalmente em Linz, onde passou a infância.

Estima-se que 70 mil socialistas e outros "inimigos do Reich" foram presos. Até Schuschnigg passaria sete anos atrás das grades. Teve sorte. Judeus foram arrancados de suas casas e seus negócios e forçados a lavarem as calçadas.

Xeque-mate

Três milhões de alemães viviam nos Sudetos, além da fronteira ocidental da Tchecoslováquia. Em 24 de abril, incitado por Hitler, o Partido dos Sudetos Alemães, patrocinado pelos nazistas e encabeçado por Konrad Henlein, exigiu autonomia para os alemães dos Sudetos, sabendo muito bem que Edvard Benes, o

Judeus forçados a lavar as calçadas.

presidente tcheco, recusaria. Enquanto os arruaceiros de Henlein provocavam quebra-quebras, a Alemanha os usou como desculpa para se preparar para a guerra. Hitler tinha marcado a data da invasão da Tchecoslováquia: 30 de setembro.

Em 15 de setembro, Neville Chamberlain, o primeiro-ministro britânico, voou para Berchtesgaden em uma última tentativa de buscar um acordo. Hitler disse que, se os Aliados garantissem que os tchecos cederiam os Sudetos, ele ordenaria ao seu exército que parasse e daria seu "juramento sagrado" de que respeitaria a soberania tcheca.

Chamberlain voltou a Londres e recebeu "vivas" da multidão. Então, a Grã-Bretanha e a França forçaram o governo tcheco a ceder os Sudetos. Chamberlain retornou à Alemanha em 22 de setembro, crente que apaziguara o ditador e que a assinatura do acordo seria mera formalidade. Em vez disso, Hitler rejeitou as propostas anglo-francesas de uma retirada ordeira e escalonada de soldados e policiais tchecos e exigiu que eles saíssem imediatamente.

Não era um blefe. Hitler estava pronto para a guerra. O exército alemão crescera de sete para 51 divisões, com cinco blindadas pesadas e quatro leves, enquanto a marinha alemã podia se gabar de uma frota formidável, formada por dois encouraçados de 31.200 toneladas, dois cruzadores pesados, 17 contratorpedeiros e 47 submarinos. A Luftwaffe já contava com 21 esquadrões, cujos pilotos tinham obtido experiência durante a Guerra Civil Espanhola, e a indústria armamentista alemã aumentava sua produção. De volta à Grã-Bretanha, Chamberlain falou de uma "querela em um país distante entre povos sobre os quais nada sabemos".

Em 30 de setembro, Hitler reuniu-se com os primeiros-ministros britânico e francês em Munique, onde Mussolini apresentou as exigências de Hitler como sendo suas, suas próprias propostas de paz. Os tchecos teriam de deixar os Sudetos em 1º de outubro, abrindo mão das principais fortificações e da indústria pesada daquela área. Em troca, os Aliados garantiriam a nova fronteira. Os tchecos não tiveram participação na questão, e os Aliados disseram a si mesmos que não tinham opção além de assinar o Acordo de Munique.

Enquanto as forças armadas tchecas preparavam-se para lutar, o presidente Benes perdeu toda a fé de que a Grã-Bretanha e a França honrariam sua palavra e, em 1º de outubro, as primeiras divisões alemãs entraram sem oposição nos Sudetos.

Paz em nosso tempo

Como pós-escrito, Chamberlain pressionou Hitler a assinar uma declaração redigida às pressas afirmando a cooperação anglo-germânica em caso de disputa futura. Ao retornar a Londres, ele brandiu o papel em triunfo. Disse que garantira "paz com honra" e "paz em nosso tempo". Mas Winston Churchill, o parlamentar conservador que alertava há anos, sem sucesso, para o perigo do rearmamento alemão, declarou que aquele era apenas "o início do acerto de contas".

Só que Hitler dava pouca importância ao que os estrangeiros pensavam. Ele intensificou a perseguição aos judeus e expulsou da Alemanha todos os judeus poloneses. Herschel Grynszpan, de 17 anos, filho de um casal deportado, atirou no embaixador alemão em Paris. Dois dias depois, em 9 de novembro de 1938, quando o embaixador morreu, os nazistas iniciaram um ataque organizado a lojas, empresas e templos judaicos. Dezenas de judeus foram mortos e milhares foram presos e mandados para campos de concentração. Essa foi a chamada *Kristallnacht*, ou "noite dos cristais". Quando a Alemanha invadiu a França, Grynszpan foi entregue aos nazistas. Sob a custódia alemã, ele desapareceu em algum momento depois de 1943 e foi declarado morto em 1960.

Nas primeiras horas de 14 de março de 1939, Hitler recebeu o novo presidente tcheco Emil Hácha, na Chancelaria, em Berlim, e apresentou-lhe um ultimato: poderia convidar o exército alemão para sufocar os supostos distúrbios em seu país e fazer da Tchecoslováquia um protetorado germânico ou observar Praga ser transformada em escombros por bombardeios da Luftwaffe. Depois de um leve ataque cardíaco, Hácha foi obrigado a as-

Soldados alemães entram nos Sudetos, cuja população, em grande parte, era de etnia alemã.

sinar uma declaração solicitando a "proteção" da Alemanha, juntamente com uma ordem para que o exército tcheco depusesse as armas. Às 10 horas da manhã seguinte, uma coluna de blindados alemães estrondeou pelas ruas de paralelepípedos de Praga.

Pouco demais, tarde demais: o destino da Polônia

Durante a crise tcheca, foi oferecido à junta militar que governava a Polônia um quinhão dos despojos, desde que se alinhasse à Alemanha em caso de guerra. Quando os poloneses declinaram, Hitler ficou furiosíssimo. Então, pressionou-os a entrar para o *Pacto Anti-Comintern*, contrário à Rússia. Mais uma vez eles tergiversaram.

Em janeiro de 1939, a paciência de Hitler com os poloneses esgotou-se. Ele recebeu no Berchtesgaden o coronel Josef Beck, ministro do exterior polonês, e repetiu as exigências de que a Polônia devolvesse o porto de Dantzig (Gdansk), no Báltico, tornado cidade livre pelo Tratado de Versalhes, e permitisse que a Alemanha construísse ligações ferroviárias e rodoviárias pelo Corredor Polonês que separava a Alemanha da Prússia Oriental. Beck recusou.

A Grã-Bretanha e a França não tinham auxiliado a Tchecoslováquia democrática, mas agora se declararam dispostas a ir à guerra em apoio a uma junta militar. Hitler reagiu prometendo aos britânicos "um guisado com o qual engasgarão".

Em 15 de março, soldados alemães marcharam para Boêmia, Morávia e Eslováquia, antigas regiões da Tchecoslováquia, cercando a Polônia por três lados. Em 3 de abril, Hitler baixou uma diretiva secretíssima que ordenava a invasão da Polônia até, no máximo, 1º de setembro. O plano de invasão era obra do coronel Günther Blumentritt e dos generais Rundstedt e Manstein, embora o Führer afirmasse que era seu.

Em 23 de maio, Hitler convocou uma reunião do Estado-maior geral alemão e revelou a seus membros a determinação de "atacar a Polônia na primeira oportunidade". O tenente-coronel Rudolf Schmundt observou: "Não podemos esperar uma repetição do caso tcheco. Haverá guerra [...]. O Führer duvida da possibilidade de um acordo pacífico com a Inglaterra [...]. Se conseguirmos ocupar e manter a Holanda e a Bélgica, além de derrotar a França, cria-se a base para o sucesso em uma guerra contra a Inglaterra [...]. Não há novos sucessos a obter sem derramamento de sangue."

> *A Grã-Bretanha e a França não auxiliaram a Tchecoslováquia democrática, mas agora se declaravam dispostas a apoiar uma junta militar. Hitler prometeu um "guisado com o qual engasgariam".*

Véspera da guerra

Hitler acreditava que a futura guerra seria limitada e terminaria depressa. Não haveria guerra mundial, pois a Grã-Bretanha era decadente demais, a França degenerada demais e os Estados Unidos desinteressados demais. Nenhum dos três sacrificaria seus filhos pela Polônia.

Em 21 de agosto, Hitler pôs no lugar a última peça do quebra-cabeça. Um pacto de não agressão foi assinado entre a Alemanha nazista e a União Soviética. Continha um protocolo secreto: depois da invasão de Hitler, a União Soviética ocuparia metade da Polônia e os Estados bálticos – Estônia, Letônia e Lituânia.

Os russos tinham outra razão para ficar ao lado de Hitler. Simplesmente, não estavam preparados para a guerra. Os expurgos de oficiais ordenados por Stalin tinham dizimado o comando do Exército Vermelho, e os soldados estavam equipados com armas obsoletas. Agora, Hitler só precisava de um pretexto para invadir.

Novembro de 1939: as fileiras unidas da guarda de elite de Hitler marcham com força irresistível em Praga para impor a lei marcial depois da execução de três rebeldes tchecos.

Capítulo 2
GUERRA NA EUROPA

Uma coluna blindada do Terceiro Reich penetra na Polônia e deflagra a guerra na Europa.

Os primeiros tiros da Segunda Guerra Mundial foram disparados por homens que já estavam mortos. Em 31 de agosto de 1939, soldados das SS escolheram doze presos de um campo de concentração perto da fronteira polonesa e, antes de fuzilá-los, ordenaram que vestissem fardas do exército polonês. Então, as SS encenaram um falso ataque à estação de rádio alemã de Gliewitz, na fronteira polonesa.

Eles transmitiram uma breve mensagem anunciando a invasão polonesa da Alemanha e espalharam os corpos, de modo a parecer que tinham sido mortos durante um ataque. Foi a chamada Operação Himmler. Agora os nazistas estavam livres para retaliar.

Ao amanhecer de 1º de setembro de 1939, um imenso exército alemão atravessou os dois mil quilômetros da fronteira polonesa. Imediatamente, a Grã-Bretanha e a França ordenaram a mobilização geral. Seus embaixadores em Berlim entregaram mensagens idênticas ao Ministério do Exterior alemão dizendo que, se a Alemanha não retirasse as tropas do território polonês, a Grã-Bretanha e a França "cumpririam sem hesitação suas obrigações com a Polônia".

A Grã-Bretanha dera à Alemanha um prazo para se retirar da Polônia: 9 horas da manhã de 3 de setembro. Duas horas depois, o primeiro-ministro britânico Neville Chamberlain declarou guerra. Ao meio-dia, o embaixador francês em Berlim telefonou para o ministro do Exterior alemão Joachim von Ribbentrop, que lhe disse que a Alemanha se recusava a interromper a invasão da Polônia. A França declarou guerra às 17 horas.

As 55 divisões blindadas e motorizadas alemãs que atravessaram a fronteira polonesa em 1º de setembro enfrentavam apenas 17 divisões e três brigadas de infantaria, e seis de cavalaria. A Polônia só se mobilizara em 31 de agosto, 13 divisões ainda se deslocavam para as áreas de concentração e outras nove organizavam-se nos quartéis. Enquanto os alemães tinham armas e equipamento modernos, grande parte do arsenal polonês datava da década de 1920, e os velozes Panzers alemães foram enfrentados por cavalaria com lanças. Contra os 842 aviões obsoletos da força aérea polonesa, a Luftwaffe podia ter 4.700 aeroplanos modernos no ar. Os aviões alemães devastaram estradas, ferrovias, pontes e usinas elétricas polonesas e aterrorizaram as cidades com bombardeios.

Havia pouco que a Grã-Bretanha e a França pudessem fazer para ajudar a Polônia. O exército francês estava preparado para a defesa, não para o ataque; e não havia forças britânicas no continente europeu até que a primeira parte da Força Expedicionária Britânica (BEF) assumiu seu lugar em Lille, na França, em 3 de outubro.

Ainda assim, os franceses atacaram a Alemanha em 7 de setembro, na Operação Saar. Foi um desastre. Para não violar a neutralidade belga, os franceses tiveram de atacar ao longo da fronteira entre os rios Reno e Moselle, traçada depois da derrota de Napoleão em Waterloo com a meta específica de desestimular agressões francesas. Os alemães defenderam o terreno elevado e salientaram o território francês, depois de instalar armadilhas explosivas em casas e minas antitanque e antipessoas em campos bem localizados. Os franceses não tinham detectores de minas. Além da fronteira ficava a Linha Siegfried, uma muralha defensiva alemã construída na década de 1930. Para atacá-la, os franceses tiveram de levar sua artilharia até o alcance das baterias alemãs, bem defendidas dentro de casamatas de concreto. As granadas francesas de 155 mm fizeram pouco efeito, e as granadas mais pesadas de 220 mm e 280 mm não eram equipadas com os detonadores de retardo que lhes permitiriam penetrar nas casamatas antes de explodir. Embora o fogo francês fosse rápido e preciso muitas granadas, que eram da época da Primeira Guerra Mundial, deixaram de explodir.

Vítimas de ataques aéreos nazistas na Polônia em setembro de 1939. Muitos civis foram alvos dos bombardeiros de mergulho alemães.

GUERRA NA EUROPA 23

Entretanto, na Polônia, os alemães demonstravam a eficácia da nova tática da *Blitzkrieg*. Colunas blindadas corriam pela plana paisagem polonesa, e qualquer ação defensiva era aniquilada por bombardeiros de mergulho. Em 8 de setembro, um corpo blindado alemão chegou aos arredores de Varsóvia, a capital polonesa, depois de avançar 225 km em sete dias. O ataque foi tão rápido que, em 10 de setembro, a defesa polonesa reduzira-se a bolsões de tropas isoladas.

Em 13 de setembro, os franceses decidiram que a Batalha da Polônia fora perdida, e ordenou-se a interrupção do avanço francês na região do Sarre, que não fazia progresso significativo.

Em 17 de setembro, forças soviéticas invadiram o leste da Polônia. Na manhã seguinte, o governo e o alto-comando poloneses atravessaram a fronteira romena para se exilar, e a resistência formal cessou. A guarnição de Varsóvia aguentou contra os alemães até 28 de setembro, enquanto as barragens de artilharia reduziam partes da cidade a escombros, sem se importar com a população civil. O último corpo considerável do exército polonês defendeu-se até 5 de outubro, embora houvesse guerrilha durante o inverno. Nessa época, a Polônia deixara de existir como Estado independente.

Em 27 de setembro de 1939, Hitler disse a seus generais que deveria haver uma ofensiva imediata contra a França para apagar a humilhação da derrota da Alemanha na Primeira Guerra Mundial. Mas antes ele propôs um acordo de paz com base na partilha da Polônia. A França e a Grã-Bretanha recusaram. Então, os Aliados observaram com inquietação crescente o acúmulo de tropas alemãs nas fronteiras da Holanda e da Bélgica. No entanto, as pesadas chuvas de outono obrigaram Hitler a adiar o ataque 13 vezes. Devido à falta de atividade, esse período ficou conhecido como a "Guerra de Mentira".

Depois da invasão da Polônia, os judeus foram obrigados a usar uma estrela de Davi amarela para serem identificados

A suástica adeja triunfante sobre Westerplatte, na Polônia, em setembro de 1939.

e, nas terras ocupadas pelos alemães, forçados a se mudar para os "guetos".

A corrida para a Noruega

Winston Churchill, então primeiro lorde do Almirantado, planejava minar as águas norueguesas para impedir a exportação de minério de ferro sueco para a Alemanha. O gabinete britânico também autorizou Churchill a preparar o desembarque no porto norueguês de Narvik.

Hitler temia que, se ocupassem a Noruega, os britânicos bloqueariam os portos alemães e ameaçariam a própria Alemanha através do Báltico. Em 9 de abril de 1940, com a conivência de Vidkun Quisling, o líder do Partido Fascista norueguês, Hitler invadiu a Noruega, usando paraquedistas pela primeira vez na guerra. Quisling foi recompensado com o cargo de "ministro-presidente", abaixo de um comissário alemão. Naquele mesmo dia, o exército alemão – a *Wehrmacht* – invadiu a Dinamarca, embora a Suécia conseguisse manter sua neutralidade.

Britânicos e franceses reagiram mandando para a Noruega soldados que, em 27 de maio, ocuparam Narvik depois de feroz resistência alemã.

Mas o ataque à França começara, e, dias depois de ocupar Narvik, os 25 mil soldados Aliados que lá estavam foram evacuados, deixando a Noruega em mãos alemãs.

Embora os franceses estivessem mal equipados para atacar, acreditava-se que estavam mais que preparados para se defender. Em 1939, a França tinha um

Soldados franceses empurram um carrinho de munição por um túnel profundo no interior da Linha Maginot.

exército profissional de 800 mil homens, o maior da Europa na época. Quarenta e uma divisões guarneciam a Linha Maginot, considerada intransponível. E, embora não tivesse fortificações, a fronteira belga era defendida por outras 39 divisões.

O exército dos Países Baixos tinha mais de 400 mil conscritos, mas o país conseguira ficar fora da Primeira Guerra Mundial, e esses homens não tinham experiência de guerra moderna. Em 10 de maio, os alemães atacaram com apenas sete divisões. Mais uma vez, eles usaram paraquedistas, que capturaram pontes importantíssimas em Rotterdam, Moerdij e Dordrecht, enquanto a 9ª Divisão Panzer alemã corria pelo país para fazer ligação com os soldados aerotransportados. Em 11 de maio, os defensores holandeses recuaram para Breda, juntamente com o Sétimo Exército francês, que percorrera 225 km às pressas pela Bélgica para ajudá-los. Ao meio-dia de 12 de maio, os tanques alemães chegaram aos subúrbios de Rotterdam. Os holandeses recuaram para a "Fortaleza da Holanda", a área ao norte dos rios Maas e Waal, para proteger Amsterdam e Utrecht. Mas, com poucos aviões e canhões antiaéreos, não tinham defesa contra os ataques alemães pelo ar. Em 13 de maio, a rainha Guilhermina e sua corte fugiram para a Inglaterra, onde,

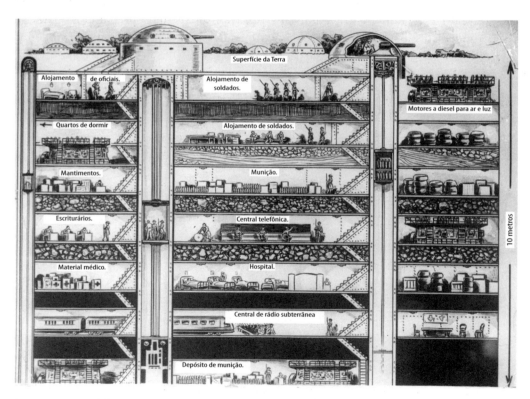

Seção transversal das posições de artilharia da Linha Maginot.

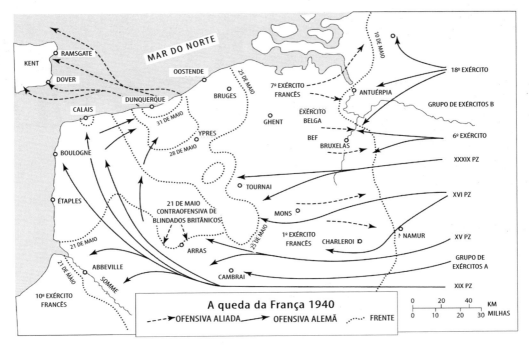

Invasão alemã da França, junho de 1940.

mais tarde, fariam companhia ao rei norueguês Haakon VII e seu governo. Os alemães ameaçaram bombardear Rotterdam e Utrecht caso a resistência holandesa continuasse, então, em 14 de maio, os Países Baixos capitularam, embora a cidade de Rotterdam fosse bombardeada mesmo assim devido a um mal-entendido nas comunicações alemãs.

No entanto, o principal ataque à França viria através da Bélgica. Em 10 de maio, paraquedistas alemães desembarcaram de planadores no alto da fortaleza de Eben Emael, destruíram-na com explosivos e ocuparam pontes importantes. Embora os invasores só tivessem quatro corpos de exército e um blindado, além de quinhentos soldados aerotransportados, os ataques aéreos e o bombardeio estratégico logo cobrou seu preço dos adversários: na noite de 10 de maio, enquanto a situação militar deteriorava-se, Chamberlain renunciou e foi sucedido por Winston Churchill, que formou um governo de união nacional.

No dia seguinte, a linha belga desmoronou, e os tanques alemães entraram pela brecha para tomar Liège pela retaguarda. O exército belga recuou para uma linha defensiva ao longo do rio Dyle, onde se uniu a soldados britânicos e franceses. Duas divisões blindadas encenaram uma batalha campal para interromper o avanço alemão. Em 15 de maio, a

Uma ponte destruída barra o caminho de tanques alemães, Bélgica, 1940.

linha do Dyle foi flanqueada e teve de ser abandonada.

Em vez de atravessar o terreno perfeito para tanques entre Liège e Namur, como na Primeira Guerra Mundial, o ataque principal veio em uma frente estreita através da floresta das Ardenas, que os franceses achavam que não poderia ser usada por tanques devido à dificuldade de manter o suprimento das unidades nas estradas tortuosas da montanha.

Em 10 de maio, mais uma vez, o marechal de campo Gerd von Rundstedt lançou um milhão e quinhentos mil homens e mais de mil e quinhentos tanques – dois terços das forças da Alemanha no ocidente e quase três quartos de seus tanques – contra a parte mais fraca da frente, defendida por apenas doze divisões de infantaria e quatro de cavalaria montada. Em Luxemburgo, o avanço levou apenas três horas para percorrer os 50 km até a fronteira belga. Outro avanço blindado, pela floresta propriamente dita, chegou à França em menos de três dias. A infantaria foi atrás. Sem esperar avanços nessa área, os franceses tinham ali poucos canhões anticarro e antiaéreos para receber as colunas blindadas e os bombardeiros de mergulho alemães; em 11 de maio, as divisões de cavalaria francesa, que chegaram a cavalo para reforçar o setor, foram forçadas a recuar até o rio Semois.

O caminho de Dunquerque

Em 13 de maio, depois que os defensores franceses na margem sul foram devastados por ondas de bombardeiros de mergulho, a infantaria alemã, usando jangadas e botes de borracha, atravessou o rio Mosa, em Sedan, local da derrota da França na Guerra Franco-Prussiana de 1870. Os franceses tinham apenas algumas aeronaves no céu, enquanto o avanço alemão era apoiado por mil aviões. No dia seguinte, tanques alemães atravessaram o rio e, em 15 de maio, romperam o que restava das defesas francesas. Estimava-se que os alemães conseguiriam chegar a Paris em dois dias. Em vez disso, eles desviaram para oeste, rumo ao Canal da Mancha. No dia seguinte, em 16 de maio, a ponta de lança alemã percorreu quase 80 km em campo aberto. Quando ela se uniu a uma força diversionária vinda de Liège, a resistência francesa desmoronou.

Os franceses e britânicos tinham imaginado que o avanço alemão varreria a Bélgica até o litoral e se voltaria para o sul, como na Primeira Guerra Mundial. Em vez disso, os germânicos foram para o sul, entraram na França, depois fizeram um arco para o norte, em uma manobra chamada de *Sichelschnitt*, ou "golpe de foice". Isso interrompeu toda a comunicação entre as forças aliadas ao norte e ao sul desse "corredor Panzer", e as forças francesas e britânicas que tinham avançado pela Bélgica ficaram ameaçadas de cerco.

Já em 19 de maio, o comandante britânico visconde Gort pensara em evacuar a BEF, a Força Expedicionária Britânica, por mar, mas o governo ainda não aceitara que a derrota era inevitável. Assim, em 21 do mesmo mês, ele iniciou um ataque partindo de Arras, contra o flanco direito dos alemães, na tentativa de romper e alcançar as forças francesas ao sul.

Nisso, a vanguarda da coluna alemã já passara por Boulogne e Calais. Dunquerque era agora o único porto que restava no Canal da Mancha para a evacuação da BEF. Os Aliados tinham estabelecido a linha final de defesa no Canal d'Aire, diante de Dunquerque. Em 24 de maio, os alemães atravessaram o canal, prontos para a última investida para ocupar a cidade, quando Hitler ordenou a interrupção do avanço.

Até então, os bombardeiros de mergulho alemães tinham praticamente o céu para si, mas quando se aproximaram do litoral eles se viram sob o ataque dos caças da Real Força Aérea baseados na Inglaterra. Ainda assim, Göring prometeu a Hitler que acabaria com a cabeça de ponte de Dunquerque apenas com sua Luftwaffe.

Soldados britânicos deitam-se de costas para atirar em aeronaves alemãs enquanto a Força Expedicionária Britânica é evacuada da praia em Dunquerque, junho de 1940.

Naquela situação, Gort não tinha blindados para romper o corredor Panzer. Com o esgotamento da munição e dos suprimentos, em 25 de maio ele ordenou que a BEF recuasse para Dunquerque. Nisso, o governo britânico decidiu que tinha de salvar o que fosse possível. O almirante Bertram Ramsay vinha se preparando para a evacuação de Dunquerque desde 19 de maio. Embarcações pequenas já tinham sido requisitadas. A Operação Dínamo, nome dado à evacuação, começou em 26 de maio. Com os britânicos recuando para Dunquerque, o exército belga ficou sozinho para enfrentar os alemães. Em 27 daquele mês, os belgas cederam. No dia seguinte, o rei Leopoldo se rendeu. Em vez de partir para o exílio, ele permaneceu em Bruxelas, em prisão domiciliar pelo resto da guerra.

Como Gort não era mais ameaça, Hitler ordenou que o avanço sobre Dunquerque fosse retomado. Mas o hiato permitiu que os britânicos consolidassem a defesa. Quando veio a ordem de voltar a avançar, os alemães enfrentaram uma resistência considerável. Quase de imediato, Hitler ordenou que os blindados alemães parassem, achando melhor reservar os Panzers e usá-los contra o exército francês remanescente ao sul, sob o comando do general Maxime Weygand.

Bombardeiros Dornier 217 alemães sobrevoam a área de Silvertown, nas docas de Londres, durante a Blitz, 1940. A antiga pista de corrida de cães de West Ham pode ser vista perto do centro da foto.

Marinheiros amadores

A Luftwaffe começou a bombardear o porto de Dunquerque e o deixou fora de ação. Mas o quebra-mar do porto, mesmo danificado pelas bombas, ainda estava em condições de uso, e permitiu que muitos soldados fossem levados por embarcações maiores. O resto reuniu-se em um trecho de 16 km de praia e foi recolhido diretamente por embarcações pequenas, em geral, tripuladas por marinheiros amadores. No total, 848 embarcações britânicas, francesas e belgas de todos os tipos e tamanhos – de contratorpedeiros a lanchas particulares – participaram da operação. Em oito dias, cerca de 340 mil homens, dois terços deles britânicos, foram resgatados, embora quase todo o seu equipamento fosse abandonado.

Outros 220 mil soldados Aliados foram resgatados em Cherbourg, Saint-Malo, Brest e Saint-Nazaire. Mas, em três semanas o exército alemão fez mais de um milhão de prisioneiros.

Embora a BEF estivesse agora a salvo na Grã-Bretanha, a batalha da França não terminara. O general Weygand conseguiu juntar 49 divisões, além de outras 17 que ainda guarneciam a Linha Maginot. Mas, os alemães tinham 140 divisões à disposição, inclusive dez delas blindadas. Em 5 de junho, a *Wehrmacht* começou a avançar para o sul, partindo do Somme. Os franceses seguraram os alemães durante dois dias, mas em 7 de junho os Panzers comandados pelo general de brigada Erwin Rommel romperam a sudoeste. Dois dias depois, eles atravessaram o Sena. Naquele mesmo dia 9, os alemães romperam

Soldados alemães diante do Arco do Triunfo. A rapidez da vitória nazista na França surpreendeu todo mundo, inclusive Hitler.

a sudeste e depois correram para a fronteira suíça, isolando as tropas francesas que ainda defendiam a Linha Maginot, e venceram a batalha da França.

Em 22 de maio de 1940, Mussolini assinou com Hitler uma aliança militar conhecida como "Pacto de Aço". Então, em 10 de junho, ele declarou guerra à França e à Grã-Bretanha, e, no dia 20 do mesmo mês, cerca de trinta divisões italianas atravessaram a fronteira francesa.

Enquanto os alemães avançavam, o governo francês de Paul Reynaud deixou Paris e fugiu para o sul. Em 14 de junho, os alemães entraram em Paris. A posição de Reynaud ficou insustentável, e ele renunciou em 16 de junho. Foi substituído pelo vice, o idoso marechal Philippe Pétain, o soldado mais condecorado da França na Primeira Guerra Mundial. Naquele mesmo dia, o general Charles de Gaulle, subsecretário de Defesa do governo Reynaud, chegou a Londres. À noite daquela data, o governo de Pétain pediu o armistício. Enquanto os dois lados discutiam os termos, o avanço alemão continuou até engolir dois terços do país.

Em 22 de junho de 1940, representantes da Alemanha e da França reuniram-se em Compiègne, onde, em 1918, o armistício que deu fim à Primeira Guerra foi assinado em um vagão ferroviário. Hitler foi a Compiègne assistir à assinatura do novo armistício naquele mesmo vagão. Anos depois o vagão foi levado para a Alemanha e, em abril de 1945, destruído para não cair em mãos aliadas.

O armistício de 1940 dividiu a França em duas zonas. O norte da fronteira suíça ao Canal da Mancha e uma faixa ocidental ao longo do litoral atlântico até a fronteira espanhola, ficaria sob ocupação militar alemã. O resto do país e suas colônias ultramarinas ficariam nas mãos de um governo colaboracionista encabeçado por Pétain e sediado em Vichy. No entanto, em 18 de junho, De Gaulle começou a transmitir apelos para que a França continuasse a guerra e organizou, em Londres, as Forças Francesas Livres.

Embora a batalha da França tivesse sido decididamente perdida, houve uma última ação. Agora a Grã-Bretanha, com seu império, estava sozinha. O poder marítimo era importantíssimo, e o governo britânico decidiu que não poderia correr o risco de que a marinha francesa, tecnicamente sob o controle de Vichy, caísse em mãos alemãs. A Grã-Bretanha tomou todos os navios franceses em portos sob seu controle, mas os franceses ainda possuíam uma frota considerável na base naval de Mers-el-Kébir, na Argélia, então colônia francesa. Em 3 de julho de 1940, navios britânicos surgiram ao longo do litoral argelino. Como a frota francesa recusou-se a se unir aos Aliados ou zarpar para um porto neutro, os britânicos abri-

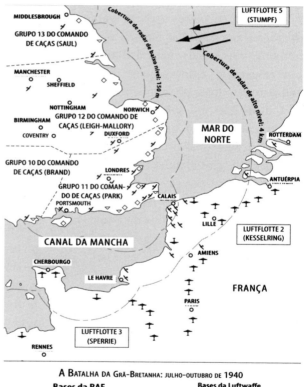

Distribuição do poder aéreo britânico e alemão durante a Batalha da Grã-Bretanha.

ram fogo, puseram a frota fora de ação e mataram 1.297 marinheiros franceses.

A Batalha da Grã-Bretanha

Em 18 de junho de 1940, Winston Churchill disse à silenciosa Câmara dos Comuns: "O que o general Weygand chamou de Batalha da França terminou. Espero que a Batalha da Grã-Bretanha comece." No entanto, depois de se vingar da França, Hitler buscou a paz mais uma vez, dizendo que manteria para si o continente europeu, mas deixaria à Grã-Bretanha seu império ultramarino. Porém, como a Grã-Bretanha não demonstrou disposição de aceitar o acordo, Hitler começou a se preparar mais uma vez para a batalha.

Ele sabia que o inimigo não tinha condições de resistir. Na Grã-Bretanha e na Irlanda do Norte havia apenas 29 divisões, inclusive duas canadenses, e oito brigadas independentes, seis delas blindadas. A desvantagem numérica era de quatro para um. Além disso, os britânicos estavam mal equipados. Em 8 de junho, tinham apenas 72 tanques. Esse número aumentaria para duzentos até agosto e 438 até setembro, mas já eram tanques obsoletos.

Em junho de 1940, as forças nacionais britânicas contavam com apenas 420 canhões de campanha e 163 canhões pesados, com munição para, respectivamente, 200 e 150 tiros cada. Os *two-pounders*, canhões britânicos de 40 mm, eram apenas 54 e pouco úteis contra tanques. Eram necessários canhões de 75 mm, que tinham mostrado seu valor como armas anticarro na Batalha da França. Felizmente, os Estados Unidos permitiram que os britânicos assumissem os contratos de armamento assinados pelos franceses. As encomendas incluíam novecentos canhões de 75 mm, com mil granadas cada, além de quinhentos mil fuzis. Os britânicos teriam de pagar em dinheiro e transportá--los para a Grã-Bretanha por conta própria. A marinha mercante britânica o fez sem sofrer uma única perda que poderia ser causada por submarinos.

Durante quase um mês depois da queda da França, Hitler demorou a tomar uma atitude, na

Uma esquadrilha de Spitfires manobra sobre o litoral da Inglaterra durante a Batalha da Grã-Bretanha.

esperança de que os britânicos cedessem. Então, em 16 de julho de 1940, ele assinou a Diretiva do Führer n. 16, que autorizava a "Operação Leão Marinho", ou seja, a invasão da Inglaterra. O mês não tinha sido desperdiçado pelos britânicos, que aumentaram a produção de armamentos e prepararam sua defesa.

O começo da Operação Leão Marinho foi marcado para 25 de agosto. A força invasora consistiria de 41 divisões, seis blindadas e três motorizadas, além de duas divisões aerotransportadas. O Décimo Sexto Exército desembarcaria entre Ramsgate e Hastings, e o Nono entre Brighton e Littlehampton, e um destacamento tomaria a ilha de Wight. Essa força, sob o comando do marechal de campo Gerd von Rundstedt, seguiria para uma linha que ia de Gravesend a Portsmouth, passando por Reigate. Logo depois, o Sexto Exército, reunido na península de Cherbourg, desembarcaria no litoral de Dorset, entre Weymouth e Lyme Regis, e avançaria para Bristol, com um destacamento tomando Devon. Naquele mesmo instante, o Nono Exército romperia as defesas britânicas na serra de North Downs, atravessaria o Tâmisa em Reading e cercaria Londres pelo oeste.

Mas, havia um problema. O grande almirante Erich Raeder, comandante da Kriegsmarine (a marinha alemã), ressaltou que, mesmo que requisitasse todas as embarcações disponíveis nas frotas pesqueiras e vias fluviais, com efeito devastador sobre o abastecimento de comida e a produção bélica, não conseguiria desembarcar a primeira onda de 13 divisões, nem mesmo se o efetivo fosse reduzidíssimo. Além disso, a marinha britânica ainda era uma força de combate considerável, e Raeder achava que não seria capaz de dar proteção suficiente à frota invasora. Assim, o ataque a Devon foi retirado do plano, e a força de invasão reduzida para 27 divisões.

Os alemães não tinham frota de guerra suficiente para dar aos soldados que desembarcassem nas praias inglesas o necessário apoio de artilharia, e a Luftwaffe também não seria capaz de oferecer cobertura total. Portanto, construíram-se baterias imensas ao longo da costa francesa, de Sangatte a Boulogne, para alvejar as praias da invasão. Para dar apoio à força de assalto quando esta chegasse a terra firme, os alemães desenvolveram tanques submarinos. Eram Panzers regulares, impermeabilizados e equipados com um respirador flexível para levar ar ao motor e aos ocupantes. Seriam deixados ao longo do litoral por lanchas de desembarque especiais, baixariam 7,5 m a 9 m até o fundo d'água e iriam até a praia. As experiências realizadas ao largo da ilha de Sylt, no Mar do Norte, mostraram que os Panzers submarinos funcionavam perfeitamente. Ainda assim, as forças terrestres alemãs precisariam do apoio de bombardeiros de mergulho e, como preliminar, seriam necessários ataques imensos com Stukas para destruir as defesas costeiras britânicas. Para isso, os alemães precisariam de superioridade aérea.

Em 1º de agosto de 1940, Hitler assinou a Diretiva do Führer nº 17, ordenando que a Luftwaffe destruísse a RAF,

Pilotos de Hurricanes da RAF correm para seus aparelhos. Dos quase 3.000 aeronautas que lutaram, um de cada três morreu ou se feriu.

a Real Força Aérea britânica, o mais depressa possível. Ela teria de atacar a RAF no ar, nas instalações e nos centros de suprimento em terra. Deveria bombardear fábricas de aviões e de canhões antiaéreos. Também atacaria os portos que importavam suprimentos básicos, embora deixasse intactos os portos do canal, necessários para a invasão. No entanto, as cidades britânicas não seriam alvo de bombardeio estratégico sem a ordem expressa do próprio Hitler.

Os alemães mobilizaram três frotas aéreas contra a Grã-Bretanha, em bases na Noruega, na Dinamarca, na Bélgica, nos Países Baixos e no norte da França. No total, eram 2.442 aeroplanos: 969 bombardeiros pesados, 336 bombardeiros de mergulho, 869 caças monomotores e 268 caças bimotores.

Embora a força de caças da RAF, cerca de 620 aviões, fosse consideravelmente menor que os 1.137 dos alemães, os britânicos não tinham ficado ociosos. A produção de caças subira de 157 por mês, em janeiro de 1940, para 496 em julho. No entanto, havia escassez de pilotos treinados, que eram apenas 1.134 no total, mas a RAF poderia requisitar pilotos do comando costeiro e da marinha. Também foram formados um esquadrão tcheco e quatro poloneses, cujos pilotos tinham escapado da Europa oriental.

Asas da morte

Os Hurricanes e Spitfires da RAF eram muito mais velozes e fáceis de manobrar que os bimotores Messerschmitt Bf 110, os "destruidores" da Alemanha – também chamados de "a loucura de Göring". Por outro lado, o Messerschmitt Bf 109E de um só lugar era mais rápido que o Mark I Hurricane e quase tão veloz quanto os Mark I e II Spitfire, que começavam a aparecer nos esquadrões da linha de frente. O Bf 109 também subia mais depressa que os caças britânicos, mas estes eram mais manobráveis. Com oito metralhadoras, conseguiam vencer os adversários alemães, e, em geral, admitia-se naquela época que o Spitfire, embora em pequena quantidade, não tinha rival como interceptador.

> *Como a batalha era travada em solo pátrio, os britânicos eram capazes de recuperar os pilotos derrubados, mas quando um avião alemão era abatido perdiam-se o aparelho e a tripulação.*

Os bombardeiros pesados alemães eram vulneráveis a ataques de Hurricanes e Spitfires, principalmente à luz do dia, e não tinham capacidade de carga suficiente para um golpe devastador. Os caças britânicos também descobriram que os bombardeiros de mergulho alemães podiam ser derrubados com facilidade e que os caças alemães só lhes davam proteção parcial, já que lutavam no limite de sua autonomia de voo.

Os britânicos tinham outras vantagens. Desde 1938 eles dispunham da rede defensiva de radar mais avançada do mundo, que se estendia de Land's End, no sul, até as ilhas Shetland, ao norte. A aproximação dos aviões alemães podia ser percebida a tempo de os comandantes colocarem seus caças no ar para não serem pegos e destruídos em terra. Com as informações do radar, os centros de controle podiam orientar os caças pelo rádio para interceptar o inimigo, e era comum pegarem os alemães de surpresa.

Como a batalha era travada acima do solo pátrio, os britânicos eram capazes de recuperar os pilotos derrubados, mas quando um avião alemão era abatido perdiam-se o aparelho e a tripulação.

Embora houvesse ataques preliminares em junho e julho, a guerra aérea começou para valer em 8 de agosto, com até 1.500 aviões alemães decolando por dia para bombardear os campos de pouso e estações de radar britânicos. Em combate, a RAF perdeu 88 aviões nos dias 8, 11, 12 e 13 de agosto, enquanto a Luftwaffe perdeu 145. Entre 13 e 17 de agosto, a RAF perdeu 184 aparelhos, e a Luftwaffe 255. A batalha estava se tornando tão cara que Göring retirou dela a Luftflotte V, com bases na Noruega e na Dinamarca, juntamente com os bombardeiros de mergulho Stuka. Entretanto, no final de agosto a Luftwaffe chegou perto de vencer a batalha.

Campos essenciais de pouso britânicos foram destruídos com crateras de bombas. A eficácia da RAF foi ainda mais prejudicada com o dano das bombas às estações de radar e centros de operação, que ficavam nos campos de pouso. Os aviões estavam sendo destruídos em terra, e ficava difícil coordenar as formações no ar.

A perda de aviões começou a virar a favor da Alemanha. Entre 24 de agosto e 6 de setembro, a Luftwaffe perdeu 378 aviões contra 262 da RAF. Embora isso pareça dar aos britânicos uma vantagem de 45%, as perdas alemãs incluíam caças e bombardeiros. Os britânicos estavam perdendo caças importantíssimos, com seus pilotos experientes. O Comando de Caças tinha menos de mil pilotos. Todos eles entravam em ação várias vezes por dia, e precisavam desesperadamente de descanso. Com 15 a 20 pilotos mortos ou feridos por dia, o Comando de Caças estava chegando ao último suspiro.

A salvação veio por um glorioso acaso. Em 24 de agosto, tarde da noite, um avião alemão bombardeou por acidente alvos não militares em Londres. Imediatamente, Churchill ordenou um ataque de retaliação a Berlim. Na noite seguinte, 81 bombardeiros bimotores decolaram rumo à capital alemã. Somente 29 aviões conseguiram chegar lá. Os outros se perderam pelo caminho. Oito homens morreram e 28 ficaram feridos. Os danos a Berlim foram leves, mas Hitler prometera ao povo alemão que uma coisa daquelas nunca aconteceria. Enfurecido, ele abandonou a Diretiva de 1º de agosto e ordenou o bombardeio estratégico de Londres. A capital da Grã-Bretanha estava prestes a receber o mesmo tratamento de Varsóvia e Rotterdam.

A prolongada campanha alemã de bombardeio que se seguiu ficou conhecida como *Blitzkrieg* (ataque relâmpago). Começou em 7 de setembro, quando 330 toneladas de bombas foram lançadas sobre Londres. Mais tarde, a campanha de bombardeio estratégico estendeu-se para Liverpool, Coventry e outras cidades. Embora a população sofresse terrivelmente com esses ataques, a mudança de objetivo da Luftwaffe deu ao Comando de Caças tempo para respirar e se recuperar. De 7 a 30 de setembro, a RAF derrubou 380 aviões alemães, com a perda de 178 dos seus.

A ofensiva aérea alemã chegou ao ponto máximo em 15 de setembro, um domingo, com uma série de ataques nos quais as defesas aéreas britânicas afirmaram ter abatido 185 aviões alemães. Mais tarde, o número foi reduzido para 56. Mas não importava. Os britânicos tinham derrotado os alemães no ar e derrubavam bombardeiros mais depressa que as fábricas germânicas conseguiam produzi-los. Até 31 de outubro, os alemães tinham perdido 1.733 aviões, contra 1.379 da Grã-Bretanha, e o Comando de Caças perdera 414 homens. Assim, Churchill não exagerou quando disse à Câmara dos Comuns, em 20 de agosto de 1940: "Nunca, no campo do conflito humano, tantos deveram tanto a tão poucos."

Ainda assim, Hitler continuou os preparativos para a Operação Leão Marinho. Enquanto os soldados do Nono e do Décimo Sexto Exércitos reuniam-se nos pontos de embarque, uma frota de invasão com 2.500 navios de transporte, rebocadores, chatas, balsas e barcos de pesca se agrupava nos portos, de Havre a Rotterdam. Então a frota foi atacada pelo Comando de Bombardeiros da RAF.

Em 11 de setembro, Hitler anunciou a intenção de iniciar a contagem regressiva para a Operação Leão Marinho em 14 de setembro – e os desembarques começariam no amanhecer de 24 do mesmo mês. Mas, em 14 de setembro ele adiou a decisão em mais três dias, embora o dia 27 fosse o último em que a maré seria favorável, e o vento forte e o mar revolto que se podia esperar no Canal da Mancha a partir de outubro tornariam impossível a invasão.

Em 17 de setembro, Hitler ordenou que a Operação Leão Marinho fosse adiada e, dois dias depois, a frota de invasão foi dispersada para se proteger de novos bombardeios. As ordens do líder nazista eram que a tropa deveria se dispersar de tal maneira que pudesse se reunir rapidamente.

Embora os ataques diurnos a cidades britânicas se mantivessem até o fim do mês, as baixas alemãs continuaram em tal nível que, no começo de outubro, a Luftwaffe passou a recorrer a bombardeios noturnos. No final de setembro, reconheceu-se que a Batalha da Grã-Bretanha terminara.

Durante os meses seguintes, a Luftwaffe continuou sua Blitz com bombardeios noturnos das maiores cidades da Grã-Bretanha. Em fevereiro de 1941, a ofensiva aérea foi reduzida, mas em março e abril intensificou-se outra vez. Houve cerca de dez mil surtidas, e o bombardeio concentrou-se no East End de Londres. No entanto, a Luftwaffe nunca voltou a dar atenção aos campos de pouso britânicos. Quando veio a época apropriada para a invasão, na primavera seguinte, Hitler voltara sua atenção para o leste.

A invasão de Creta

Como preparação para o ataque à União Soviética, Hitler começou a levar para o Eixo outros países da Europa central – Hungria, Romênia, Eslováquia, Bulgária e Iugoslávia. Depois das imensas conquistas da Alemanha no ocidente, a Itália passou a achar que era um parceiro menor no Pacto de Aço. Mussolini queria algumas conquistas territoriais próprias. Sem informar Hitler, ele mandou 155 mil homens atravessarem a fronteira da Albânia, que a Itália invadira em 1939, para entrar na Grécia.

Os britânicos correram em defesa da Grécia, mandando homens e aviões a bases aéreas no continente, perto de Atenas. Isso deixou a seu alcance os campos petrolíferos romenos de Ploesti, fundamentais para o ataque da Alemanha à Rússia. Hitler não teve opção além de ajudar Mussolini a se livrar do problema. Em março, houve um golpe de estado contra o regime pró-Eixo de Belgrado, e os alemães decidiram invadir a Iugoslávia e a Grécia com apoio italiano. Fizeram um *Blitzkrieg* pelos Bálcãs e forçaram os britânicos a evacuar. Em 11 de maio, toda a Grécia e as ilhas do mar Egeu, com exceção de Creta, estavam em mãos alemãs.

Os britânicos queriam manter Creta. A ilha ficava a apenas 800 km de Alexandria e 320 km de Tobruk. Bastião da resistência britânica no norte da África, Tobruk tinha de ser abastecida por mar e correria grande perigo se os alemães ocupassem os campos de pouso de Creta.

Aquisição custosa

Em 25 de abril de 1940, a Diretiva do Führer n. 28 ordenou a invasão de Cre-

Paraquedistas saltam durante a invasão alemã de Creta. Apesar do sucesso da missão, as baixas de soldados aerotransportados foram tão altas que Hitler jurou nunca mais montar operação semelhante.

ta e fez saber que até o final de maio a ilha teria de estar em mãos alemãs, para que ele pudesse se concentrar na invasão da Rússia, marcada para junho. Seus comandantes obedeceram, mas a um custo imenso e com pouca vantagem estratégica. Hitler não usou a ilha como base para dominar o Mediterrâneo oriental, apesar do sacrifício de quatro mil homens e da perda de mais de trezentas aeronaves, recursos que poderiam ter uso mais eficaz na Rússia.

Os Aliados também perderam quatro mil homens e mais 12 mil foram capturados. Outros 17 mil tinham sido evacuados debaixo do nariz dos alemães em uma operação que custou à Marinha Real dois contratorpedeiros e três cruzadores. Mas, para os alemães aquela foi uma vitória vazia. Os paraquedistas alemães sofreram muitas baixas, e só venceram devido à imensa vantagem numérica. As divisões de paraquedistas mostraram-se ineficazes contra soldados bem entrincheirados e bem preparados em terra. Oito dias de combate em Creta custaram aos alemães mais do que toda a campanha dos Bálcãs. Hitler declarou-se "muito insatisfeito". Após Creta, ele proibiu o uso de paraquedistas em grande escala, e os planos de invadir Chipre e depois Malta foram abandonados.

Capítulo 3
GUERRA NO DESERTO

Depois da queda da França, Mussolini temeu que Hitler fizesse a paz com os britânicos, atrapalhando suas ambições territoriais no Mediterrâneo. A Itália já tinha uma possessão no norte da África – a Líbia, invadida em 1911. Assim, quando os britânicos rejeitaram as sondagens de Hitler, Mussolini voltou sua atenção para o Egito, em mãos britânicas desde 1882. Ele ordenou que o marechal Rodolfo Graziani iniciasse uma ofensiva a leste contra os soldados britânicos no Egito, sob o comando do general *Sir* Archibald Wavell.

Em 13 de setembro de 1940, o Décimo Exército italiano tomou o pequeno porto fronteiriço de Sollum. Dali, avançaram mais 80 km pelo Egito e, em 16 de setembro, ocuparam a base britânica de Sidi Barrani. Seis semanas depois a Força Britânica do Deserto Ocidental, comandada pelo general de divisão Richard O'Connor, começou um "ataque de cinco dias" que, em 10 de dezembro, empurrou os italianos de volta ao outro lado da fronteira. Reforçada por australianos, a Força do Deserto Ocidental continuou a avançar e, em 21 de janeiro de 1941, tomou o pequeno porto de Tobruk no nordeste da Líbia. Em 7 de fevereiro, quando os italianos renderam-se, os britânicos os tinham forçado a recuar 800 km e feito mais de 130 mil prisioneiros, além de tomarem 400 tanques e 1.290 canhões. Sem encontrar mais resistência, a Força do Deserto Ocidental poderia ter continuado até ocupar Trípoli, mas as linhas de suprimento já estavam extensas demais e

As batalhas de El Alamein, outubro-novembro de 1942.

Churchill queria desviar homens e recursos para a Grécia.

O cerco de Tobruk

Mais uma vez, Hitler foi auxiliar Mussolini. Em 6 de fevereiro, ele mandou para Trípoli o general Erwin Rommel e seu recém-formado Afrika Korps. Em 24 de março, Rommel atacou El Agheila, capturou O'Connor e empurrou a coluna britânica de volta por onde viera. Mas, Wavell decidiu manter Tobruk enquanto o resto da força britânica recuava para se reagrupar no Egito. O porto seria defendido pela 9ª Divisão australiana, reforçada por uma brigada da 7ª Divisão e pelos siques do 18º Regimento de Cavalaria. O general de brigada Leslie Morshead, comandante da 9ª Divisão Australiana disse a seus homens: "Aqui não haverá Dunquerque. Se tivermos de sair, sairemos lutando. Sem rendição e sem retirada."

Em 10 de abril, Rommel chegou a Tobruk e mandou um destacamento motorizado atacar a cidade. O destacamento foi rechaçado por fogo de artilharia pesada, o que também matou seu comandante. Três noites depois, os alemães foram novamente repelidos. Enquanto isso, elementos do Afrika Korps contornaram Tobruk e chegaram à fronteira egípcia. A partir daí, os 22 mil homens de Tobruk teriam de ser abastecidos pelo mar. No entanto, embora a Luftwaffe tivesse superioridade aérea total, os artilheiros antiaéreos aliados conseguiram manter o porto aberto.

Nos dois meses seguintes, os vários ataques de Panzers foram rechaçados. Nessa altura, os alemães já tinham perdido 1.700 homens, contra as 797 baixas da guarnição – 59 mortos, 355 feridos e 383 desaparecidos. Entretanto, o alto-comando alemão alarmou-se com as baixas e ordenou a Rommel que não atacasse outra vez. Mas William Joyce, propagandista radiofônico nazista – cidadão americano, que foi enforcado por traição depois da guerra e na Grã-Bretanha o chamavam de "Lorde Haw Haw", devido à voz de desprezo – afirmou que a guarnição estava "presa como ratos em uma armadilha". Então um jornal alemão apelidou os defensores britânicos de "ratos de Tobruk", chamamento que eles adotaram, passando a se

Foto de turista: a guarnição de um tanque britânico posa diante de uma pirâmide, Egito, 1941.

GUERRA NO DESERTO 43

Soldados da 7ª Divisão Blindada britânica, "Ratos do Deserto", posam com um canhão de campanha antes da queda de Tobruk, 1942.

intitular "Ratos do Deserto". Rommel estabeleceu o cerco e repeliu três tentativas de rompimento de reforços. Finalmente, as Potências do Eixo foram forçadas a recuar, e a guarnição resgatada.

O cerco de Tobruk durou 242 dias, de 10 de abril a 7 de dezembro de 1941, 55 dias mais que o cerco de Mafeking, na Guerra dos Bôeres. Foi a primeira derrota das forças terrestres alemãs na Segunda Guerra Mundial e mostrou que a *Blitzkrieg* podia ser vencida por campos minados, artilharia, fogo antiaéreo e infantaria que mantivesse seu terreno.

Além de estímulo psicológico importantíssimo, a defesa de Tobruk também manteve fora da guerra a Turquia, aliada da Alemanha na Primeira Guerra Mundial.

Isso impediu que Hitler usasse a Turquia como trampolim meridional para o ataque à União Soviética e o retardou pelo menos um mês. Como o inverno é considerado o maior general da Rússia, a importância disso foi imensa.

Investida sobre Gazala

Depois do resgate de Tobruk, Rommel foi forçado a recuar até El Agheila, onde o avanço britânico parou pela primeira vez em fevereiro de 1941. Com o ataque a Pearl Harbor, em dezembro de 1941, e o rápido avanço do Japão sobre colônias da Grã-Bretanha no Extremo Oriente, os Aliados voltaram sua atenção para lá, cortando os suprimentos das forças do deserto. Mas, durante a retirada de

Tobruk, Rommel recebeu novos tanques. Em janeiro de 1942, um comboio chegou a Trípoli levando mais reforços. Logo o Afrika Korps tinha 111 tanques, com mais 28 de reserva, enquanto os italianos tinham 89.

Rommel contra-atacou rapidamente e destruiu quase metade dos blindados britânicos. Na rápida inversão, a "Raposa do Deserto", como Rommel ficou conhecido, capturou imensa quantidade de suprimentos quando, mais uma vez, arremeteu a leste. Em 6 de fevereiro, ele empurrou os britânicos de volta a Gazala, apenas 50 km a oeste de Tobruk. Ali os ingleses protegeram-se atrás de um campo minado, que se estendia 50 km para o sul a partir do litoral, com esperanças de recompor as forças. Na campanha norte-africana, o problema de toda linha defensiva era ter, inevitavelmente, um flanco aberto no lado do deserto. Rommel simplesmente a contornou.

Depois de 18 dias de combate acirrado, os britânicos foram forçados a recuar para a fronteira egípcia. Dessa vez, Tobruk caiu. Winston Churchill estava em Washington quando recebeu a notícia. Foi um desastre nacional. Durante 1941 o desafio da pequena guarnição de Tobruk ao poderio do exército alemão fora um facho de esperança. Agora esse facho se apagara. Hitler, por outro lado, ficou satisfeitíssimo e promoveu Rommel ao posto de marechal de campo. E, com os suprimentos capturados em Tobruk, o novo marechal poderia avançar para o Egito antes que os britânicos tivessem tempo de se reagrupar.

El Alamein

Os Aliados acharam que conseguiriam retardar o avanço de Rommel com uma linha de fortificações que o general Neil Ritchie, na época comandante do 8º Exército, construíra ao sul, ao longo da fronteira egípcia, de Sollum a Sidi Omar. Esta linha defensiva tinha a mesma fraqueza tática da Linha Gazala: o flanco do deserto continuava aberto. Rommel a contornou rapidamente em 24 de junho e avançou mais de 160 km em um só dia. No entanto, ao perceber que não poderia manter a linha, o 8º Exército já tinha recuado para Mersa Matruh, 200 km a leste da fronteira. Agora a situação era desesperadora. A Luftwaffe já estava ao alcance de Alexandria. E se o 8º Exército não conseguisse deter Rommel, nada o impediria de tomar o Egito, o Canal de Suez e os campos de petróleo do Golfo Pérsico e, em seguida, atacar o flanco sul dos russos sitiados.

Ritchie pretendia uma defesa final em Mersa Matruh, mas o general *Sir* Claude Auchinleck, sucessor de Wavell, percebeu que uma linha defensiva ali sofreria exatamente a mesma fraqueza de Gazala e Sollum. Em 25 de junho, ele demitiu Ritchie e assumiu pessoalmente o comando do 8º Exército. No dia seguinte, deu novas ordens. Não haveria nova linha defensiva em Mersa Matruh. Em vez disso, ele pretendia manter todas as formações fluidas. Colunas móveis atacariam o inimigo por todos os lados. Com esse fim, ele reorganizou as brigadas em grupos de combate formados por artilharia – sempre o desta-

Montgomery deu aos britânicos sitiados força de vontade para derrotar Rommel, a "Raposa do Deserto".

que da Força do Deserto Ocidental – com o apoio de blindados e infantaria.

Em 27 de junho, o Eixo voltou a empatar com os Aliados. Houve uma série de escaramuças violentas em que unidades das forças britânicas foram contornadas e isoladas, e tiveram de romper para leste. Elas finalmente recuaram para uma linha em El Alamein, a apenas 100 km de Alexandria. Lá, Auchinleck bloqueou novos avanços.

A diferença entre a linha de El Alamein, de Auchinleck, e a de Gazala, 560 km a oeste, era que a de El Alamein não tinha flanco aberto ao sul. Ela terminava na depressão de Qattara, 18.130 km² de lagos e pântanos salgados intransponíveis por tanques e outros veículos militares pesados. A ponta de lança alemã chegou à linha de El Alamein em 30 de junho. Ela era guarnecida por australianos, os "Ratos do Deserto" originais de Tobruk, juntamente com soldados britânicos, sul-africanos, neozelandeses e indianos que tinham recuado pelo deserto. Em El Alamein eles teriam o importantíssimo apoio da RAF.

Depois de chegar tão depressa até ali, o Afrika Korps estava exausto e na ponta de uma linha de suprimentos compridíssima. Seus primeiros ataques não conseguiram o rompimento, e os alemães pararam para recompor as forças e instalar campos minados. Em junho de 1942, golpes foram rebatidos com contragolpes, e nenhum lado cedeu.

Em 13 de julho, Rommel lançou seu Afrika Korps recém-equipado na chamada Primeira Batalha de El Alamein. Mais uma vez os Panzers foram detidos e, naquela noite, Auchinleck contra-atacou. Indianos e neozelandeses venceram duas divisões italianas e aguentaram um contragolpe dos Panzers.

A batalha transformou-se em guerra de atrito e deixou cerca de dez mil mortos. Rommel esgotou rapidamente todos os suprimentos que tomara em Tobruk. Ele fora reforçado com 260 tanques, mas, depois da queda de Tobruk, o presidente americano Franklin D. Roosevelt enviou aos britânicos cem canhões autopropulsados e trezentos tanques Sherman que estavam armados com canhões de 75 mm; finalmente os britânicos tinham um tanque capaz de rivalizar com os Panzer Mark III e Mark IV.

Embora detivesse o avanço de Rommel, Auchinleck não o fizera recuar. Em 4 de agosto, Churchill chegou ao Cairo para ver o que poderia ser feito. Auchinleck disse-lhe que pretendia retardar todas as ofensivas até setembro para dar aos novos reforços que acabara de receber tempo para se aclimatarem. Churchill o demitiu e nomeou *Sir* Harold Alexander comandante-chefe do Oriente Médio. O comando do 8º Exército foi entregue ao general Bernard Montgomery, que assumiu o posto em 13 de agosto. Montgomery reorganizou rapidamente o 8º Exército para que voltasse a lutar em divisões, com as unidades apoiando-se mutuamente.

O 8º Exército esperava que Rommel passasse à ofensiva em algum momento próximo à Lua cheia de 26 de agosto. Estava previsto que, como sempre, ele atacaria ao sul da linha, visando a romper, cercar o 8º Exército em questão de horas e correr para tomar o Cairo. O ponto que Rommel escolheria para seu ataque era defendido apenas por um campo minado. Mas, Montgomery também identificara o ponto fraco de sua defesa, e preparou atrás dele posições para que qualquer força atacante tivesse de enfrentar canhões anticarro de seis libras e tanques entrincheirados.

A longa linha de suprimentos de Rommel dificultava a obtenção de combustível. Isso retardou o ataque até 31 de agosto e deu aos Aliados mais tempo para se prepararem. Rommel tinha esperanças de que sua iniciativa pegasse os britânicos de surpresa. Mas, duas horas antes da partida, sua força – 200 Panzers, 243 tanques médios italianos e 38 tanques leves – caiu sob o ataque da RAF. Os soldados que avançavam à frente dos tanques para remover as minas britânicas caíram sob fogo pesado de tropas bem entrincheiradas. Outros ataques aéreos foram ordenados. O comandante do Afrika Korps ficou gravemente ferido e o comandante da 21ª Divisão Panzer foi morto.

Rommel estreitou a frente. Sua coluna conseguiu passar por dois campos minados, mas foi detida pelo terceiro. Os Panzers também descobriram que só conseguiam avançar lentamente na areia solta. As baixas foram grandes, e a coluna imobilizada caiu sob fogo de artilharia. Mas, em seguida, surgiu uma tempestade de areia que aterrou a RAF e atrapalhou a artilharia.

> *Os Panzers descobriram que só conseguiam avançar lentamente na areia solta. As baixas foram grandes e a coluna imobilizada caiu sob fogo de artilharia. Mas aí veio uma tempestade de areia...*

Em 1º de setembro, a tempestade amainou e os Panzers continuaram seu avanço. Os blindados britânicos os rechaçaram. Eles tentaram outra ofensiva à tarde, mas foram forçados mais uma vez a recuar. Montgomery apertou um anel de aço em torno do Afrika Korps, que tentou romper e não conseguiu, sofrendo muitas baixas. Enquanto isso, os alemães eram bombardeados dia e noite. Na tarde de 3 de setembro, os homens de Rommel estavam em retirada. Montgomery, então, tentou passar à ofensiva, mas achou que seus reforços não estavam suficientemente coesos para a perseguição. Assim, deixou os alemães irem até uma fortificação entre dois campos minados, no final da linha de El Alamein.

Novos preparativos

Em 7 de setembro, Montgomery interrompeu a batalha e começou a fazer no-

A cavalaria britânica ataca no norte da África [em data incerta]. Ações deste tipo foram raras em todas as frentes da Segunda Guerra Mundial: nessa época, a maioria das unidades de cavalaria já estava equipada com tanques.

vos preparativos. Ele elaborara um plano de engodo para manter a força do inimigo na extremidade sul da linha: desdobrou naquele setor um oleoduto falso, depósitos falsos de suprimentos e veículos falsos. A comunicação pelo rádio foi intensificada na parte sul da linha para sugerir que um ataque seria lançado ali no início de novembro.

Mas, o ataque real aconteceria mais ao norte. Os canhões e tanques reunidos foram transferidos à noite e cuidadosamente camuflados. Foram abertas trincheiras estreitas no deserto, de onde a infantaria atacaria. Elas também foram camufladas para impedir que o reconhecimento aéreo alemão descobrisse as intenções britânicas. Quando se aproximou o fim do período de seis semanas de preparativos, a RAF intensificou os ataques aos campos de pouso inimigos, efetivamente prendendo a Luftwaffe em terra em 23 de outubro, a noite do ataque.

Montgomery abandonou o bom senso da guerra no deserto. Ele não atacaria ao sul para tentar contornar o flanco. Também não atacaria os blindados do inimigo para cuidar da infantaria depois. Ele começaria enviando uma força diversionária contra os blindados ao sul para fazer Rommel pensar que o ímpeto principal viria dali. Enquanto isso, haveria um bombardeio maciço ao norte, primeiro das posições de artilharia, depois das posições de infantaria. Em seguida, a infantaria de Montgomery infiltraria pelas trincheiras estreitas para atacar os soldados alemães ainda zonzos pelo bombardeio. Embora fosse inevitável uma selvagem luta corpo a corpo, Montgomery calculava que seus homens levariam a melhor. Então os blindados seguiriam pela brecha aberta pela infantaria, dando cabo sistematicamente da infantaria alemã, e entrariam em posição na retaguarda para atacar quaisquer blindados remanescentes em terreno de sua escolha. Mesmo que não fosse possível destruir completamente os Panzers, sem infantaria eles não conseguiriam manter terreno e teriam de recuar.

Era de Lua cheia a noite de 23 de outubro. Isso era fundamental, porque milhares de minas teriam de ser removidas para abrir uma brecha na defesa inimiga. Os campos minados tinham de 4.600 a 8.200 m de profundidade, reforçados com armadilhas e arame farpado. Às 21h40, começou a Segunda Batalha de El Alamein, com mais de mil canhões ao longo da linha inteira abrindo fogo ao mesmo tempo sobre a artilharia alemã. Vinte minutos depois eles mudaram o alvo para as posições inimigas de vanguarda. Quando uma imensa cortina de pó e fumaça subiu sobre os alemães, a infantaria britânica avançou com baionetas fixas ao som das gaitas de fole.

Os alemães resistiram valentemente, mas às 5h30 da manhã seguinte dois corredores tinham sido abertos, e os blindados começaram a se deslocar por eles. Então, a situação começou a ir mal. A infantaria ainda não atravessara completamente os campos minados e encontrou feroz resistência. Isso deixou os blindados perigosamente expostos. Ao anoitecer do dia seguinte, uma coluna de blindados

Eu seu elemento natural: o talento tático e a engenhosidade de Rommel eram admirados por Hitler.

conseguiu atravessar. Mas a 10ª Divisão Blindada ainda estava no meio do campo minado e abrigava-se atrás da crista de Miteiriya. Seu comandante, o general Herbert Lumsden, já criticara o plano de Montgomery. Ele achava suicídio mandar tanques por corredores estreitos em campos minados onde houvesse artilharia pesada anticarro bem entrincheirada. Se um tanque fosse atingido, os que estivessem atrás não poderiam se deslocar e seriam um alvo fácil.

Equilíbrio

Lumsden foi convocado ao QG de Montgomery e explicou sua posição. Então, Montgomery chamou o general Alec Gatehouse, que comandava a cabeça de lança, e ordenou-lhe que mandasse a 10ª Divisão Blindada cruzar a elevação. Gatehouse recusou-se a desperdiçar sua divisão de maneira tão precipitada. Depois de uma ríspida troca de opiniões, Montgomery ordenou-lhe que mandasse um regimento atravessar a elevação, em vez da divisão inteira. Dos 49 tanques da Cavalaria de Staffordshire que avançaram, só 15 conseguiram retornar.

Ainda assim, o avanço continuou e, na manhã de 25 de outubro, duas colunas blindadas tinham atingido as posições inimigas. Mas a situação no campo de batalha ficara confusa. Os alemães fizeram alguns contra-ataques sangrentos. Um deles, no importantíssimo saliente conhecido como Kidney Ridge ("Serra do Rim"), foi comandado pelo próprio Rommel. Todos foram rechaçados. Aos poucos, a situação tornou-se favorável à Grã-Bretanha. Em 27 de outubro, a 1ª Divisão Blindada destruiu, sozinha, cinquenta tanques alemães, e as surtidas constantes da RAF romperam as formações de Panzers.

Com os dois exércitos engajados em um combate acirrado ficou claro para Rommel que tudo dependia do lado que se exaurisse primeiro. No entanto, Montgomery vinha retirando habilmente unidades da linha de frente para montar uma força capaz de um golpe arrasador. As que permaneceriam receberam ordens de adotar postura defensiva, mas com patrulhas agressivas e fogo de artilharia para dar a impressão de que o avanço continuava. Na noite de 28 de outubro, a 9ª Divisão australiana enfiou uma cunha pela estrada do litoral. Era o que Rommel esperava. Se tentassem contorná-lo pelo norte, ele conseguiria dividir as forças britânicas. Assim, Rommel deslocou seus Panzers para o norte. Entretanto, Montgomery não realizou um grande ataque pelo litoral. Em vez disso, enviou a 2ª Divisão da Nova Zelândia contra um ponto fraco da linha alemã, defendido pelos italianos.

A batalha estava chegando ao clímax. Rommel disse aos comandantes que teriam de lutar até a morte, embora, devido à escassez de combustível, ele já quase pensasse em retirada. Então, na noite de 30 de outubro, ele achou que tivera sorte. Os australianos saíram de suas trincheiras e avançaram contra feroz resistência. Seria inevitável que isso os exaurisse. Mas, uma tropa de *Panzer-grenadiers* – infantaria de elite transportada em caminhões para se deslocar com rapidez – foi cercada em uma posição fortificada conhecida como "Thompson's Post". Os Panzers atacaram várias vezes na tentativa de libertá-los. Após três dias de luta, conseguiram romper e chegar aos sobreviventes.

Enquanto isso, na Operação Supercharge, todo o peso das forças remanescentes de Montgomery foi lançado contra um trecho de 3.660 m da linha de frente. Era 1 h da madrugada do dia 2 de novembro quando duas brigadas de infantaria britânicas atravessaram as linhas neozelandesas e atacaram. Foram seguidas por 123 tanques da 9ª Brigada Blindada. O objetivo era destruir a proteção anticarro, principalmente os letais canhões de 88 mm. Montgomery disse ao comandante, general John Currie: "Estou disposto a aceitar 100% de baixas." Currie comandou o ataque pessoalmente.

Superados

Os tanques, seguidos por infantaria com baionetas, passaram correndo sobre as minas. Quando o Sol nasceu, foram atingidos por canhões alemães anticarro que estavam entrincheirados. A maioria dos tanques da 9ª Brigada Blindada foram destruídos, com exceção de 19, e 230 dos quatrocentos homens de Currie morreram; entretanto, o ataque atingiu seu objetivo. Pelo novo corredor criado, mergulhou a 1ª Divisão Blindada. Quando percebeu que fora enganado, Rommel mandou formações de Panzers para o sul.

No dia seguinte, canhões anticarro foram posicionados, mas a esta altura os britânicos já tinham expandido seu saliente ao sul e avançavam implacavelmente para oeste. Seguiu-se uma batalha de tanques, mas os blindados alemães e italianos foram imobilizados pela RAF e pelo fogo de artilharia. Em duas horas, o contra-ataque alemão esgotou-se. Naquela tarde, Rommel tentou outra vez, lançando ao combate uma divisão blindada italiana. Mas, cada vez mais reforços britânicos despejavam-se pela brecha e espalhavam-se depois dela.

O Afrika Korps tinha apenas 39 tanques quando Rommel decidiu recuar. Mas recebeu de Hitler a ordem de manter a posição até o último homem.

Dando as costas

Rommel sabia que manter sua posição seria suicídio. Mas também seria suicídio desobedecer a Hitler. Quando o general Von Thoma, comandante do Afrika Korps, pediu permissão para recuar, Rommel recusou, mas fingiu que não viu quando Thoma recuou assim mesmo. Thoma foi capturado pouco tempo depois e não teve de enfrentar a ira de Hitler. Após 12 dias de combate, as Potências do Eixo estavam em retirada. O combustível era escasso e só havia veículos suficientes para os alemães fugirem. Os pobres italianos foram abandonados e renderam-se aos milhares.

O general Gatehouse queria que a 10ª Divisão Blindada perseguisse o inimigo. Ele tinha certeza de que conseguiria ultrapassá-los e destruí-los em 48 horas. Mas Montgomery foi mais cauteloso. Rommel já demonstrara ser capaz de montar um contra-ataque repentino que poderia transformar a derrota em nova ofensiva. A coluna em retirada foi bombardeada e metralhada pela RAF, e a 8ª Brigada Blindada conseguiu deter uma coluna alemã que levava grande número de prisioneiros, tanques e caminhões. Outras unidades também perseguiram o inimigo, mas em 7 de novembro um aguaceiro transformou a estrada em atoleiro e o Afrika Korps escapou. Dez mil homens ficaram para trás. Outros vinte mil italianos foram capturados. Mais vinte mil foram mortos ou feridos. No campo de batalha, havia 450 tanques destruídos, além de 75 abandonados pelos italianos por falta de combustível. Mais de mil canhões inimigos tinham sido destruídos ou abandonados.

Durante a Batalha de El Alamein, o 8º Exército britânico sofreu 13.500 baixas. Cerca de quinhentos tanques britânicos foram destruídos, embora 350 deles pudessem ser reparados, e cem canhões perderam-se. Na Grã-Bretanha, os sinos das igrejas passaram anos calados, pois deveriam servir de alarme contra invasões. Churchill ordenou que dobrassem em homenagem aos mortos. Em 10 de novembro, falando da vitória de El Alamein na Mansion House, na City de Londres, ele disse de forma memorável: "Agora não é o fim. Não é sequer o começo do fim. Mas talvez seja o fim do começo."

Para a Grã-Bretanha, a Batalha de El Alamein foi um ponto de virada. Durante os três anos anteriores, os britânicos tinham sido derrotados na Europa, no Atlântico e no Extremo Oriente.

"Antes de Alamein, nunca tivemos uma vitória", escreveu Churchill. "Depois de Alamein, nunca tivemos uma derrota."

> *Para a Grã-Bretanha, a Batalha de El Alamein foi um ponto de virada. "Antes de Alamein, nunca tivemos uma vitória", escreveu Churchill. "Depois de Alamein, nunca tivemos uma derrota."*

Operação Tocha

Os Estados Unidos entraram na guerra depois que os japoneses atacaram Pearl Harbor em 7 de dezembro de 1941. Em 11 de dezembro, Hitler declarou guerra aos Estados Unidos, e estes declararam guerra à Alemanha e à Itália. A estratégia combinada entre a Grã-Bretanha e os Estados Unidos era que cuidariam de Hitler antes de lutar com os japoneses. Os norte-americanos manteriam apenas operações defensivas no Pacífico, enquanto o grosso da iniciativa seria dedicado a derrotar as potências do Eixo. Assim que os norte-americanos entraram na guerra, suas forças armadas quiseram lançar um ataque anfíbio ao litoral da França. Mas, já com dois anos de luta, os britânicos foram mais cautelosos e os convenceram a entrar em combate em uma região do mundo onde eles já obtinham algum sucesso: o norte da África.

Em 8 de novembro de 1942, com Rommel em retirada de El Alamein, uma força-tarefa anglo-americana, com 117 mil homens sob o comando do general Dwight D. Eisenhower, deveria desembarcar na África francesa do norte. Cerca de 45 mil homens, comandados pelo general de brigada George S. Patton, zarpariam diretamente dos Estados Unidos para ocupar Casablanca e o litoral atlântico do Marrocos. Outros 39 mil soldados americanos, sob o comando do general de brigada Lloyd R. Fredendall, partiriam da Escócia para ocupar o porto mediterrâneo de Oran, na Argélia, enquanto uma força anglo-americana de 33 mil homens, comandada pelo general de brigada Charles Ryder, tomaria o porto de Argel. Os desembarques receberiam o codinome de Operação Tocha.

A situação no norte francês da África não era nada tranquila, e os desembarques sofreram certa resistência por parte das tropas francesas leais a Vichy. Depois, quando houve o cessar-fogo, os alemães alegaram que aquela era uma violação do armistício assinado por Pétain e invadiram a França não ocupada. O que restava da frota francesa levou, então, seus navios para Toulon.

Enquanto os soldados do general Patton permaneciam no Marrocos para instrução, o resto das forças aliadas virou-se para oeste, rumo à fronteira ocidental da Tunísia, com o Afrika Korps de Rommel recuando para sua fronteira oriental. Com a Líbia perdida, Hitler estava decidido a manter os importantes portos de Túnis e Bizerte.

O Primeiro Exército britânico, comandado pelo general de divisão Kenneth Anderson, encabeçava o ataque a Túnis.

Ao chegar à fronteira tunisiana, o comandante a encontrou fortemente defendida, e o primeiro assalto foi rechaçado. A maior ameaça na Tunísia era a Luftwaffe. A base aérea aliada mais próxima e equipada para qualquer ocasião ficava em Bône [hoje Annaba], a 190 km da linha de frente, já a base aérea mais próxima da Luftwaffe estava a apenas 8 km do campo de batalha.

No final de novembro de 1942, as Potências do Eixo na Tunísia tinham aumentado para cerca de 25 mil homens com o apoio de setenta Panzers, vinte dos quais armados com os novos canhões de 88 mm. Mesmo assim, o marechal de campo Albert Kesselring, comandante-chefe no Mediterrâneo, despachou para lá mais três divisões.

Em dezembro, Anderson fez uma segunda tentativa de tomar Túnis, mas as forças aliadas eram inexperientes. Nem o Primeiro Exército britânico nem o II Corpo norte-americano tinham sido testados em combate. No entanto, uma força conjunta anglo-franco-americana chegou em dezembro a Longstop Hill, que dava para o golfo de Túnis. A batalha ali durou quatro dias, até que um poderoso contra-ataque alemão, com o apoio de tanques, deteve os Aliados. Agora as tentativas de tomar Túnis teriam de ser adiadas. Do final de dezembro até março chegavam as chuvas ao norte da África, transformando a paisagem ressecada em um mar de lama.

Contra os Aliados inexperientes, Hitler mandou o coronel-general Hans-Jürgen von Arnim, da frente oriental, para assumir o comando do Quinto Exército Panzer e da defesa da Tunísia. Arnim tinha mais de cem mil soldados alemães veteranos sob seu comando e, em janeiro de 1943, controlava todos os desfiladeiros das montanhas em torno de Túnis.

Quando chegou a Trípoli, no final de janeiro de 1943, Montgomery parou para descansar e fazer reparos essenciais. Rommel deteve-se quando chegou à fronteira tunisiana e estabeleceu ali a formidável Linha Mareth. Ele sabia que não conseguiria derrotar o veterano 8º Exército de Montgomery. Mas, se conseguisse detê-los com um mínimo de soldados na Linha Mareth, poderia lançar um ataque às tropas inexperientes e mal supridas à sua retaguarda e depois avançar pela Dorsal Ocidental até o litoral perto de Bône para destruir o campo de pouso aliado. No entanto, Arnim preferiu um ataque mais limitado para fortalecer sua posição na Dorsal Oriental.

Pesadas baixas

Em 14 de fevereiro, bombardeiros de mergulho alemães atacaram as forças americanas que guardavam a cidade de Sidi Bou Zid, no desfiladeiro de Faid. Depois, os tanques e a infantaria da 10ª Divisão Panzer as venceram rapidamente, provocando baixas numerosíssimas. A 21ª Divisão Panzer atacou pelo sul, através do desfiladeiro de Maizila. Ao meio-dia, os defensores de Sidi Bou Zid foram derrotados. Os americanos logo contra-atacaram com uma força de tanques leves e infantaria em meias-lagartas. Os americanos tiveram baixas de mais de dois mil homens, dos quais 1.400 foram aprisionados. Somente 300 escaparam. Noventa e quatro tanques foram perdidos, juntamente com 60 meias-lagartas e 26 canhões autopropulsados. Mas, Arnim não daria a Rommel o apoio de que precisava para aproveitar esse sucesso.

Rommel obtivera, no desfiladeiro de Kasserine, outra vitória tática que foi um fracasso estratégico. Os reforços Aliados estavam a caminho. Ele estendera demais as linhas de suprimento e agora seus flancos estavam expostos a ataques, e seria apenas questão de tempo para Montgomery aparecer na Linha Mareth. Rommel encerrou a ofensiva em 22 de fevereiro.

No início de março, ele avançou de novo, desta vez rumo a Medenine e às forças da vanguarda de Montgomery. Dessa vez, Montgomery já conhecia bem Rommel, que avançou em campo aberto contra 810 canhões médios, de campanha e anticarro, inclusive muitos canhões anticarro novos, de 17 libras, em uso pela primeira vez. Salvas de fogo concentrado destruíram 52 tanques e provocaram 640 baixas antes que os alemães recuassem.

Bombardeio noturno: o canhão de campanha britânico de 25 libras em ação durante a Batalha de Gazala, junho de 1942.

GUERRA NO DESERTO 55

Mais uma vez, Montgomery proibiu expressamente seus homens de perseguir o inimigo em fuga. Dois dias depois, Rommel, agora desfavorecido por Hitler, partiu da África, e seu comando foi entregue a Arnim.

Com os alemães em retirada no oeste, o general Harold Alexander, agora no comando geral, planejou a união de suas forças terrestres com o 8º Exército, que se reunia para abrir caminho pela Linha Mareth. O 18º Grupo de Exércitos, como o comando conjunto passou a se chamar, afunilaria as Potências do Eixo no norte da Tunísia, enquanto a marinha e a força aérea Aliadas negariam a eles fuga e reforços.

Alexander insistia que soldados britânicos experientes deveriam entrar em combate antes dos americanos inexperientes. Mas, o general Patton pensava de outro modo. Quando recebeu ordens de encenar o ataque diversionário para retirar soldados da Linha Mareth, Patton planejou uma ofensiva que cortaria ao meio as Potências do Eixo.

"– Cavalheiros, amanhã atacamos – disse ele a seus comandantes –, se não formos vitoriosos, que não volte ninguém vivo."

Apesar da chuva intensa, na noite de 16 de março a 1ª Divisão de Infantaria de Patton tomou a cidade de Gafsa. Arnim reagiu como Alexander previra e mandou a 10ª Divisão Panzer defender os desfiladeiros que levavam da Dorsal Oriental ao mar. A 10ª Panzer chegou ao desfiladeiro de Maknassy em 22 de março, ao mesmo tempo em que a 1ª Divisão Blindada. O General Ward, que estava no comando, percebeu que já tinha ido além das ordens de Alexander, e ele também temia a Luftwaffe, que decolava de bases próximas, então parou para se reagrupar. Patton ficou furioso e demitiu Ward.

No dia seguinte, um grupo de combate blindado da 10ª Panzer avançou por uma planície aberta. Foi emboscado por caça-tanques, artilharia reunida e a 1ª Divisão de Infantaria, que aguardava nos morros. Quando recuaram em desordem, os alemães perderam 32 tanques e grande número de infantes.

Pelos padrões da guerra, a Batalha de El Guettar foi um engajamento pequeno, mas para os americanos foi uma batalha decisiva. Eles mostraram aos alemães – e aos britânicos também – que sabiam lutar. Naturalmente, em seguida, Patton quis um peixe maior.

"– É só eu encontrar Rommel num tanque – disse ele –, que destruo o tanque junto com o filho da mãe."

Infelizmente, nesse momento, Rommel estava de volta à Alemanha, fora do alcance de Patton.

Em 19 de março, enquanto Patton avançava pela Dorsal Oriental, Montgomery lançava sua ofensiva contra a Linha Mareth. Com a mesma tática de Rommel, ele mandou o Corpo da Nova Zelândia, apoiado pela Força Aérea do Deserto, contornar a extremidade sul da linha. Depois de nove dias de combate, as Potências do Eixo recuaram antes de se virarem para lutar outra vez. Após outra batalha furiosa, que custou aos britânicos 1.300 baixas, os remanescentes das forças alemãs e italianas recuaram para Endifaville, a apenas 80 km de Túnis.

A Batalha de Túnis

A 34ª Divisão americana deveria ocupar o desfiladeiro de Fondouk em um ataque frontal. O ataque fracassou, com muitas baixas, e a 34ª foi removida para reinstrução. Isso provocou outra guerra de palavras entre comandantes britânicos e americanos.

Neste momento, as Potências do Eixo estavam confinadas em um pequeno enclave na ponta da península tunisiana, mas era claro que não desistiriam sem lutar. Alexander criou a Operação Strike para dar cabo deles. Mais uma vez, deu aos americanos apenas um papel pequeno. No entanto, Eisenhower persuadiu Alexander a mudar o plano e deixar o II Corpo dos Estados Unidos ocupar Bizerte.

Para o sucesso do ataque, era fundamental conquistar uma fortaleza alemã chamada Colina 609. A 34ª Divisão foi designada para a tarefa. O resultado foi uma das ações mais ferozes de toda a campanha.

A 1ª Divisão Blindada lavou a honra manchada com uma investida das defesas alemãs na estrada de Mateur que rompeu a retaguarda das defesas de Bizerte e fechou a única rota de fuga das Potências do Eixo. Arnim estava decidido a continuar lutando, mas Hitler fez ouvidos moucos a seus pedidos de mais munição e suprimentos. O que restava das Potências do Eixo estava cercado na planície de Túnis, e, em 12 de maio, Arnim rendeu-se juntamente com 250 mil soldados de elite, em uma época em que outras dezenas de milhares eram destruídos na frente oriental.

No total, entre 12 de novembro de 1942 e 13 de maio de 1943 os Aliados sofreram 70.341 baixas. Os franceses perderam 16.180 homens; os britânicos, 35.940 e os americanos 18.221, dos quais 2.715 mortos. No entanto, a Tunísia foi o campo de prova dos americanos. O general Omar Bradley disse: "Na África aprendemos a rastejar, a andar, a correr."

Capítulo 4
A FRENTE RUSSA

Hitler era anticomunista ferrenho. Mesmo assim, em 23 de agosto de 1939 seu ministro do Exterior Joachim von Ribbentrop e o Comissário Soviético de Relações Exteriores Viatcheslav Molotov assinaram o Pacto Nazi-Soviético de Não Agressão, também chamado de Pacto Molotov-Ribbentrop. Depois, quando dividiram a Polônia entre si, naquele mês de setembro, foi dito que a cooperação nazi-soviética estava "cimentada com sangue".

Mas, Hitler não tinha intenção de honrar o Pacto de Não Agressão. Em fevereiro de 1941, a espionagem britânica descobriu que a Alemanha planejava invadir a União Soviética naquela primavera. Os Estados Unidos captaram informações semelhantes. Ambos informaram Moscou. Stalin recusou-se a acreditar.

Então, aparentemente do nada, o embaixador alemão em Moscou foi visitar Molotov e, às 5h30 de 22 de junho de 1941, entregou a declaração de guerra. A razão – ou desculpa – era "violações patentes e repetidas" do Pacto Molotov-Ribbentrop. Um imenso exército alemão já se despejava ao longo de uma frente de três mil quilômetros, do Báltico ao Mar Negro. Embora os soviéticos tivessem sido avisados, os alemães conseguiram causar uma surpresa total, pois quando lhe informaram que as Potências do Eixo reuniam-se nas suas fronteiras apenas para manobras, Stalin acreditou.

Na Operação Barbarossa, que recebeu o nome do fundador do Primeiro Reich alemão, no século XII, Hitler lançou con-

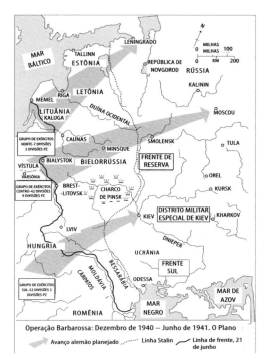

Operação Barbarossa, a invasão alemã da União Soviética, junho de 1941.

tra a Rússia cerca de 180 divisões – mais de três milhões de soldados alemães, apoiados por trinta divisões romenas e finlandesas. Havia 19 divisões Panzer com três mil tanques, 2.500 aeronaves estavam envolvidas, além de sete mil peças de artilharia. As forças alemãs dividiam-se em três grupos de exércitos: o Grupo de Exércitos Norte, comandado pelo marechal de campo Wilhelm von Leeb; o Grupo de Exércitos Centro, comandado pelo marechal de campo Fedor von Bock; e o Grupo de Exércitos Sul, comandado pelo marechal de campo Gerd von Rundstedt. O plano era destruir toda a resistência soviética em operações *Blitzkrieg* sobre

A FRENTE RUSSA   59

Leningrado (São Petersburgo), Moscou e Kiev.

"– Só temos de chutar a porta – disse Hitler a Von Rundstedt –, e toda a estrutura podre desmoronará."

Dizem que Stalin teve um "colapso nervoso" ao receber a notícia da invasão. Ele ficou 11 dias sem falar. No entanto, a União Soviética não estava indefesa diante do ataque. Stalin tinha o dobro, talvez o triplo, dos tanques e aeronaves alemães e, embora muitas destas fossem obsoletas, os tanques pesados russos da série KV eram superiores a tudo o que os alemães lançaram contra eles, e o tanque médio russo T-34 foi, com justiça, o melhor tanque da guerra inteira.

A espionagem alemã estimou corretamente que Stalin tinha cerca de 150 divisões no oeste da União Soviética e admitiu que ele fosse capaz de montar mais cinquenta. Na verdade, em meados de agosto o líder soviético criara duzentas novas divisões. No entanto, elas eram mal comandadas, já que muitos dos melhores generais tinham morrido na década de 1930, quando Stalin expurgou o Exército Vermelho soviético de elementos considerados anticomunistas.

Nos estados bálticos e em áreas da Ucrânia e da Bielorrússia sob domínio soviético desde 1917, os alemães foram recebidos como libertadores. Até os judeus de Kiev receberam bem os alemães, pois tinham sido bem tratados pelos germânicos que invadiram a Ucrânia na Primeira Guerra Mundial. Mas, em poucos dias, 34 mil judeus ucranianos foram massacrados em Babi Yar, uma grande ravina ao

Soldados das SS presidem a remoção forçada de poloneses em um campo de dispersão em Gelsendorf (hoje na Ucrânia).

norte da cidade. Os esquadrões da morte das SS também procuraram comissários soviéticos para executar e os eslavos foram mortos sumariamente.

Com a invasão da União Soviética, a política nazista para com os judeus mudou. Em vez de aprisioná-los ou confiná-los em guetos, os nazistas começaram a matá-los, na chamada Solução Final da Questão Judaica. Esquadrões especiais de soldados das SS seguiam o avanço do exército alemão pela União Soviética. Quando chegavam a uma aldeia, os moradores judeus eram reunidos, levados para o campo e fuzilados. Os líderes nazistas logo procuraram um método de matança em massa que fosse mais eficiente e menos perturbador para os matadores. Começaram a trancar os judeus capturados em camionetes vedadas para sufocá-los com os gases da exaustão enquanto a camionete seguia para o local de sepultamento. Na primavera de 1942, mais de um milhão de judeus tinham sido mortos.

Soldados alemães em uma pausa para a refeição na cidade russa de Vitebsk, a caminho de Moscou, agosto de 1941. Ao chegarem, descobriram que a cidade tinha sido incendiada pelos soviéticos que bateram em retirada.

Progresso rápido

O Grupo de Exércitos Norte começou seu avanço partindo da Prússia Oriental. Ele deveria percorrer rapidamente os estados bálticos e avançar rumo a Leningrado. Apesar do terreno de pântanos e florestas e das estradas não pavimentadas, em 26 de junho ele já ocupara a Lituânia e penetrara bastante na Letônia. Naquele dia, a 8ª Divisão Panzer e o 56º Corpo Panzer tomaram as pontes rodoviária e ferroviária de Dvinsk (hoje Daugavpils), sobre o rio Dvina, e avançaram para ocupar a cidade. Após cinco horas de combate nas ruas, os alemães esmagaram toda a resistência. Três dias depois, o Grupo de Exércitos Norte capturou Riga, capital da Letônia, e parou para se reagrupar.

Em 3 de julho, Stalin havia se recuperado o suficiente para falar ao povo russo pelo rádio. Ele estimulou o nacionalismo e anunciou a política de "terra arrasada", como a que fora usada contra a invasão de Napoleão, na Rússia em 1812. Não se devia permitir aos alemães, disse Stalin, que tomassem "um único motor, um único vagão de trem, nada de pão, nada de combustível". A economia soviética voltou-se para a produção bélica. Fábricas inteiras foram transferidas para leste, além do alcance alemão, e começaram a produzir tanques e aeronaves em ritmo espantoso.

Tanto a Grã-Bretanha quanto os Estados Unidos começaram a abastecer a União Soviética através do Oceano Ártico, pelo porto russo de Arcangel, e pela Pérsia (Irã), que a Grã-Bretanha e a União Soviética ocuparam conjuntamente.

Em 2 de julho, o Grupo de Exércitos Norte retomou a ofensiva. Em 20 daquele mês, chegou a apenas 34 km de Leningrado.

De acordo com protocolos secretos do Pacto Molotov-Ribbentrop, a Rússia ocupara partes da Finlândia. Mas, depois do começo da Operação Barbarossa, os finlandeses aproveitaram a oportunidade para ficar do lado dos alemães. Em 10 de julho, iniciaram sua ofensiva para recuperar as terras que tinham perdido. Em 16 de agosto, tinham avançado cerca de cem quilômetros ao longo da margem oeste do lago Ladoga e isolaram Leningrado pelo norte.

A infantaria alemã avança sobre Leningrado nos últimos estágios de Barbarossa. O cerco da localidade duraria até os alemães serem rechaçados pelo Exército Vermelho em 1944.

Soldados alemães interrogam um camponês russo. Os soldados ao fundo usam a insígnia da meia-lua de metal da *Feldgendarmerie*, a Polícia Militar, apelidada de "caçadores de cabeças" pelos soldados alemães comuns.

Enquanto os alemães aproximavam-se de Leningrado pelo sul, o Exército Vermelho organizou de repente um contra-ataque. Isso deu à população da cidade tempo suficiente para cavar trincheiras anticarro e construir um perímetro defensivo. Em 9 de setembro, os alemães tinham empurrado o Exército Vermelho para trás até que Leningrado ficou sob o alcance de sua artilharia. Também começaram a bombardear a cidade. Os tanques alemães romperam a última linha fortificada, mas pouco puderam avançar nas ruas estreitas, e os Panzers receberam ordem de recuar. Porém, a infantaria e a artilharia alemãs ficaram para sitiar a cidade.

Um milhão de habitantes do local já tinham sido evacuados. Os dois milhões restantes ficaram completamente isolados. Começou um sítio que durou novecentos dias. Nesse período, a única linha de comunicação de Leningrado era através do lago Ladoga, de balsa, no verão, de caminhão e trenó sobre o gelo no inverno. Quando finalmente o sítio foi rompido em 19 de janeiro de 1944, cerca de 200 mil civis tinham sido mortos pelo bombardeio alemão, e pelo menos 630 mil pereceram em consequência da fome e das doenças.

Nas primeiras semanas da Operação Barbarossa, o Grupo de Exércitos Sul ocupou rapidamente a maior parte da Ucrânia. Em 11 de julho, chegara a 16 km de Kiev. Com o exército alemão golpeando os flancos russos, Stalin recusou aos generais o pedido de sair de Kiev, e em 20 de setembro o Quinto Exército soviético e sua coluna blindada foram cercados e capturados. Foram feitos aproximadamente 520 mil prisioneiros.

O Grupo de Exércitos Centro era o mais forte dos três grupos de exércitos, formado pelo 4º e pelo 9º exércitos, além do 2º e do 3º grupos Panzer, mais tarde rebatizados de Exércitos Panzer. Suas formações motorizadas e blindadas partiram, em 22 de junho, da tomada da área ao norte de Varsóvia, abriram brechas imensas nas defesas soviéticas e esmagaram as forças adversárias na Bielorrússia. Sua tarefa primária era guardar o flanco direito do Grupo de Exércitos Norte que avançava pelos estados bálticos. Hitler decretara que só depois da captura de Leningrado o Grupo de Exércitos Centro deveria avançar por Moscou.

Avanço rápido

Em 29 de junho, as pontas de lança blindadas alemãs chegaram a Minsk, a capital da Bielorrússia, cercaram quatro exércitos soviéticos e fizeram 287 mil prisioneiros. Em 16 de julho, as pinças alemãs atingiram Smolensk, a 420 km de Moscou, cercaram outra grande força russa e fizeram mais trezentos mil prisioneiros. No final de julho, os alemães controlavam uma área de território soviético com mais do dobro da área da França.

No início de agosto, o Grupo de Exércitos Centro percorrera dois terços da

Panzer III alemães, equipados com saias de metal para proteger as faixas vulneráveis, passam por uma aldeia deserta na União Soviética nos últimos estágios da invasão.

distância até Moscou. Ao sentir que o Exército Vermelho não conseguiria resistir ao avanço alemão contra a capital soviética Von Bock insistiu com o alto-comando para que lhe permitisse continuar até Moscou. Mas Hitler reforçou que a prioridade era tomar Kiev e Leningrado. Ele desviou as forças do Grupo de Exércitos Centro para o norte e para o sul para ajudar a cercar e fazer mais 665 mil prisioneiros.

Hitler deu permissão a Bock de voltar à marcha sobre Moscou. Mas, o Grupo de Exércitos Centro só conseguiu se reagrupar e recomeçar a ofensiva em 2 de outubro. Assim, Bock fez avanços profundos pelas linhas russas e cercou grandes bolsões de soldados do Exército Vermelho em Viazma e Briansk. O bolsão de Viazma produziu 663 mil prisioneiros; o de Briansk, outros cem mil, sendo que os russos tinham apenas 824 tanques, não havia apoio aéreo e todos os exércitos reunidos tinham se perdido. A estrada para Moscou estava aberta. Diplomatas estrangeiros foram evacuados e o corpo embalsamado de Lenin, o fundador da União Soviética, foi removido de seu túmulo na Praça Vermelha.

Stalin estava prestes a fugir da cidade, mas mudou de ideia. Impôs a lei marcial e mandou vir de Leningrado o marechal Gueorgui Jukov, seu mais hábil general, para comandar a defesa de Moscou. Os alemães também enfrentavam problemas e dificuldades graves. Os soldados estavam exaustos. A política soviética de terra arrasada destruíra todos os abrigos que poderiam ser usados como alojamento, e o equipamento desgastava-se. Cada avanço alongava ainda mais as linhas de suprimento alemãs e, à noite, guerrilheiros russos atacavam os guardas alemães e destruíam os suprimentos.

Enquanto outubro avançava, o clima foi mudando. Sempre que chovia, as estradas transformavam-se em um mar de lama, e o avanço desacelerava-se. Os Panzers alemães ao norte de Moscou, sob o comando do general Hermann Hoth, não conseguiram fazer um ataque rápido pela floresta densa ali existente. No entanto, a força do general Guderian conseguiu atacar atravessando o campo aberto ao sul. Mas Jukov estacionara ali a 4ª Brigada Blindada, sua última unidade de tanques independente. Os homens estavam bem treinados e equipados com tanques T-34, cuja blindagem a artilharia alemã não penetrava. A Quarta Blindada deteve o avanço alemão quase à vista de Moscou.

Porém, Hoth continuou a avançar. Os russos reagiram com foguetes Katiúcha, cujos lançadores múltiplos foram apelidados pelos alemães de "órgãos de Stalin", e a Força Aérea soviética voltou a decolar.

Os alemães fizeram sua arremetida final sobre Moscou em 15 de novembro. A princípio, deslocaram-se rapidamente, já que as estradas estavam congeladas, e a 7ª Divisão Panzer chegou ao canal do Volga, a apenas 32 km de Moscou. Em 4 de dezembro de 1941, os soviéticos iniciaram o contra-ataque. O Grupo de Exércitos Centro foi forçado a recuar, apesar da insistência de Hitler de que mantivesse sua posição a qualquer custo. Mas o tempo já virara.

O exército alemão não estava preparado para o inverno russo. Hitler tivera tanta confiança em uma vitória rápida que seus homens não tinham fardamento de inverno. E aquele foi o inverno mais frio em 140 anos. A sopa fervente distribuída pelas cozinhas de campanha alemãs congelava em minutos. O cabo dos machados rachava quando se cortava carne e a manteiga tinha de ser fatiada com serrotes. O óleo congelava no motor dos tanques. A graxa lubrificante da artilharia também, e os mecanismos de disparo automático enguiçavam. Até o fim do ano, houve cem mil casos de geladura, e mais de 14 mil foram tão graves que o membro atingido teve de ser amputado.

Em 7 de janeiro de 1942, Stalin ordenou outra ofensiva. Com suas últimas reservas, Jukov empurrou os alemães para trás e, no fim de janeiro, a frente se estabilizou uns 65 km a oeste de Moscou; a cidade fora salva.

A solução final

Enquanto isso, em janeiro, oficiais nazistas graduados reuniram-se em Wannsee, em Berlim, para discutir maneiras de transformar o extermínio de judeus em uma operação mais sistemática. Em consequência, construíram-se os campos de extermínio em Belzec, Sobibor, Majdanek, Chelmno, Auschwitz e Treblinka, na Polônia ocupada pelos alemães. Lá foram instaladas câmaras de gás disfarçadas de banheiros. Cada campo era capaz de matar de 15 a 25 mil pessoas por dia. O uso de gás em massa começou em Auschwitz, em maio de 1941.

Em toda a Europa ocupada, os judeus foram tirados dos guetos, embarcados em trens de carga e levados para os campos. Ao chegar, eram examinados por um médico das SS que separava os que estivessem em boa forma física. Os outros, cerca de 80%, eram despojados de seus pertences e mandados imediatamente para as câmaras de gás. Depois de mortos, os guardas removiam os dentes de ouro dos prisioneiros e queimavam seus corpos em crematórios. Os que estivessem em boa forma tinham a cabeça raspada e os pertences confiscados. A partir daí, eram chamados pelo número tatuado em seu braço e forçados a trabalhar até ficarem fracos demais para continuar, quando eram mortos ou deixados para morrer.

Os judeus encontraram diversas maneiras de escapar à captura ou combater os nazistas. Alguns entraram para movimentos de resistência da França, da Polônia e da União Soviética. Outros tentaram fugir, embora isso ficasse cada vez mais difícil conforme o alcance nazista estendia-se por toda a Europa. Um grande número escondeu-se, e houve muitos exemplos de não judeus que arriscaram a vida oferecendo abrigo a famílias judias. Indivíduos como o empresário alemão Oskar Schindler e o diplomata sueco Raoul Wallenburg conseguiram salvar a vida de milhares de judeus subornando ou enganando autoridades nazistas. Alguns grupos guerrilheiros judeus, como o Bielski Otriad, da Bielorrússia, resgataram muitos judeus dos guetos.

Houve rebeliões em vários guetos poloneses, como os de Tuczyn e Marcinkonis. O levante mais significativo aconteceu em Varsóvia, em abril e maio de 1943, quando o gueto estava sendo esvaziado e os últimos presos eram mandados para campos de extermínio. Em 1943, também, houve levantes nos campos de extermínio de Treblinka e Sobibor; em 1944, os prisioneiros revoltaram-se em Auschwitz e puseram fogo no crematório. Esses foram atos de desespero, de gente que se sabia condenada. Embora alguns conseguissem escapar, a grande maioria dos participantes foi morta.

Além dos campos de extermínio, os nazistas criaram centenas de campos de prisioneiros na Alemanha e nos territórios ocupados. As condições de vida em todos eles eram uniformemente duras, e muitas centenas de milhares de presos morreram de fome, doença ou excesso de trabalho. Em alguns campos, os prisioneiros morriam depois de passar por experiências cruéis realizadas por médicos nazistas. Os judeus não foram as únicas vítimas do Holocausto. Os nazistas estavam decididos a matar ou escravizar todos aqueles considerados de raça inferior ou politicamente perigosos, como ciganos, eslavos (principalmente poloneses e prisioneiros de guerra soviéticos), comunistas e homossexuais.

Stalingrado

No inverno de 1941, apesar das privações de seus homens na frente oriental, Hitler não desanimou. A maior parte do território europeu da União Soviética estava agora em suas mãos e, em fevereiro de 1942, o contra-ataque de inverno dos soviéticos se exauriu. Então, Hitler começou a fazer planos para esmagar o Exército Vermelho de uma vez por todas. A nova campanha atacaria Stalingrado (hoje Volgogrado), cidade que se estendia uns 50 km ao longo do rio Volga, mil quilômetros a sudeste de Moscou. Era uma nova e imensa cidade industrial, exibida como uma das grandes realizações do sistema soviético. Stalin percebeu que a cidade que levava seu nome tinha de ser defendida a todo custo. Se ela caísse, ele também cairia.

Para Hitler, Stalingrado era igualmente relevante. Era um símbolo do comunismo e tinha de ser esmagada. Também era um centro importante da produção de armamentos em massa. Depois de tomada a cidade, seu exército vitorioso subiria o Volga para cercar Moscou, enquanto um segundo exército ocuparia os campos petrolíferos do Cáucaso, a sudeste, e ameaçaria a Turquia e a Pérsia.

No entanto, nesse momento a guerra era muito diferente. O exército alemão não parecia mais invencível, nem Hitler infalível. E o tratamento violento dado aos civis enrijecera a resistência.

Na primavera de 1942, Stalin realizou um contra-ataque na península de Kerch, na Crimeia. Foi derrotado, e os alemães fizeram cem mil prisioneiros. Duas novas divisões siberianas, mandadas para libertar Leningrado, foram cercadas. Depois disso, seiscentos tanques russos, dois terços da força soviética, romperam através do Sexto Exército romeno para tomar Kharkov. Mas os alemães contra-atacaram. Os soviéticos perderam quase 250 mil homens, além de todos os seus tanques. Agora o palco estava preparado para a ofensiva de verão de Hitler.

Em 28 de junho, em uma frente ampla que ia de Kursk a Rostov, os Panzers saíram rugindo pela estepe. A nuvem de fumaça que levantaram pôde ser vista a 65 km, e logo se somou à fumaça das aldeias em chamas. Não havia força significativa para opor-se a eles enquanto seguiam para Stalingrado.

Stalin, então, tomou a decisão de enviar a reserva de Moscou para defender Stalingrado, e começou a corrida desesperada para lá chegar. Apesar da oposição encarniçada, em 22 de agosto os soldados alemães chegaram ao Volga, com uma ponte ferroviária importantíssima ao alcance dos morteiros. De 25 a 29 de agosto, o 6º Exército alemão, sob o comando do general Friedrich Paulus, fez uma tentativa feroz de invadir a cidade antes que os reforços chegassem.

O bombardeio estratégico fez a população civil fugir para o outro lado do rio, e as autoridades começaram a evacuar as fábricas. Quando soube disso, Stalin interrompeu as evacuações. Os operários da fábrica de tratores continuaram a produzir novos tanques e carros blindados até os alemães chegarem à sua soleira. Só então eles prenderam as cartucheiras sobre o macacão e ocuparam suas posições.

Os alemães eram os mestres da *Blitzkrieg*. Não estavam acostumados ao combate corpo a corpo lento e desgastante entre os escombros de uma cidade arruinada. Os russos, por sua vez, logo aprenderam a adaptar a tática à nova situação,

e cada movimento custava caríssimo aos alemães. Depois de semanas de luta incessante contra soldados alemães de elite, o Exército Vermelho ainda mantinha uma faixa de 14 km ao longo das margens do Volga.

Em 12 de setembro, Hitler autorizou uma nova ofensiva. No dia seguinte, Paulus mandou à luta três divisões Panzer apoiadas por oito divisões de infantaria. Contra elas, os soviéticos tinham quarenta tanques, quase todos imóveis, com exceção de dezenove. O 62º Exército reduzira-se a apenas três divisões de infantaria, remanescentes de quatro outras, e duas

Um soldado alemão contorna uma cratera de granada cheia d'água, Stalingrado, 1942. Seis meses de combate reduziram a cidade a uma paisagem quase alienígena.

brigadas de tanques avariados pelo combate. E não havia reservas, porque todos os homens já tinham sido lançados ao combate. Entretanto, o quartel-general soviético estava no local: o general Vassili Tchuikov fizera a perigosa travessia do Volga e estabelecera seu posto de comando em uma trincheira junto ao rio, perto da ponte da rua Pushkin. De costas para o rio, os homens foram inspirados por essas palavras suas: "Não há terra além do Volga." Para os que não entendessem a mensagem, havia pelotões de fuzilamento para cuidar dos desertores. Centenas foram fuzilados.

Ligação vital

Os alemães lançaram-se pelo meio da linha russa e, na tarde de 14 de setembro, romperam-na e tomaram o morro Mamaiev. Do terreno elevado, puderam concentrar o fogo de artilharia na importantíssima linha de balsas que cruzavam o Volga. A 76ª Divisão de Infantaria venceu os defensores em um hospital em ruínas no meio da linha soviética. Agora a vitória parecia certa, e muitos alemães embebedaram-se com a vodca saqueada. A única resistência parecia ser a dos franco-atiradores.

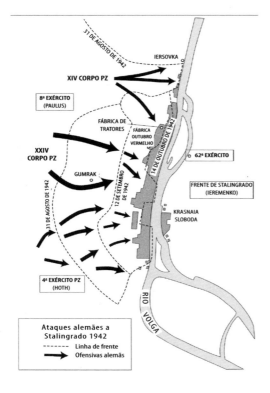

A Batalha de Stalingrado, 1942. Tanto a fábrica Outubro Vermelho quanto a fábrica de tratores foram mantidas pelos soviéticos durante toda a batalha.

Naquela noite, o combate chegou a 180 m do quartel-general de Tchuikov, e os oficiais de Estado-maior entraram em combate. Na noite de 14 de setembro, guardas russos tiveram de desembarcar sob fogo. Não havia possibilidade de contra-atacar como uma divisão coesa, e eles logo se dispersaram entre as ruínas, em bolsões isolados sem comunicação entre si.

A luta nas ruas também decompôs as formações alemãs. Agora elas lutavam pelos locais devastados em pequenos grupos de combate, com três ou quatro Panzers e uma companhia de infantes alemães que tinham de limpar laboriosamente um bolsão de cada vez. Soldados russos, armados de fuzil e metralhadoras, escondiam-se em prédios arruinados, crateras e montes de escombros. Esperavam os Panzers passarem e atacavam a infantaria. E, nas ruas estreitas, os Panzers eram muito vulneráveis, tanto às granadas lançadas diretamente de cima quanto aos canhões anticarro. A batalha dependia do combate casa a casa, travada com balas, granadas, baionetas e lança-chamas.

Os alemães descobriram que um dia inteiro de baixas numerosas era necessário para ocupar menos de duzentos metros. Mesmo assim, os russos reapareciam à noite, abrindo buracos na parede dos sótãos para reocupar os prédios acima da cabeça dos alemães. Apesar disso, a vitória parecia próxima. Um saliente alemão descia por um afluente até o próprio Volga. Mas não parecia importar o tamanho da área da cidade ocupada pelos alemães, os russos não desistiam. Embora bombardeados e explodidos, os elevadores de cereais ainda estavam de pé, desafiadores. Foram ocupados por bolsões de guardas e fuzileiros navais russos que repeliram ondas e mais ondas de atacantes.

> Mas não parecia importar o tamanho da área da cidade ocupada pelos alemães. Os russos não desistiam. Bolsões de guardas e fuzileiros navais russos repeliram ondas e mais ondas de atacantes.

Canhão de campanha alemão em ação durante o combate em Stalingrado, inverno de 1942.

Filas de soldados alemães marcham para o cativeiro depois da recaptura soviética de Stalingrado em fevereiro de 1943. Quase 90 mil combatentes alemães foram aprisionados após a batalha; poucos voltariam a ver sua pátria.

Para os alemães, dois meses de combate por uma tira estreita da cidade arruinada de Stalingrado foi um desastre propagandístico. O povo alemão foi informado de que os russos lançavam ondas e mais ondas de homens na batalha e exauriam suas reservas. Na verdade, o contrário é que era verdade. Em setembro e outubro, os alemães lançaram à luta nada menos que 19 brigadas blindadas recém-formadas e 27 divisões de infantaria.

Ao mesmo tempo, Jukov mandava apenas o mínimo necessário para segurar os alemães, enquanto reunia forças para um contra-ataque.

Conforme o fogo da artilharia russa ficava cada vez mais pesado, as noites começaram a diminuir, e os alemães passaram a temer que tivessem de passar outro inverno na Rússia. Rapidamente, Paulus planejou uma quarta ofensiva total, e Hitler prometeu publicamente que Stalingrado cairia "muito em breve".

Agora quarenta mil russos defendiam uma faixa da cidade com apenas 16 km de comprimento. No ponto mais largo, a faixa tinha 2 km medidos a partir da margem oeste do Volga; no ponto mais estreito, cerca de 450 m. Entretanto, os russos que a defendiam eram tropas experientes que conheciam cada porão, esgoto e ruína daquela terra devastada. Eles observavam os avanços alemães com periscópios e os derrubavam com o fogo das metralhadoras. Franco-atiradores percorriam as ruas esburacadas ou escondiam-se, calados durante horas a fio, à espera da presa. Contra eles, foram lançados soldados alemães veteranos desmoralizados pelas baixas sofridas ou recrutas inexperientes, de modo algum preparados para os horrores que logo enfrentariam.

Em 4 de outubro, os alemães estavam prestes a lançar sua ofensiva quando os russos contra-atacaram na área em torno da fábrica de tratores. Isso pegou os alemães no contrapé. Embora pouco terreno se perdesse, eles sofreram muitas baixas. A Luftwaffe mandou oitocentos bombardeiros de mergulho, e a artilharia alemã golpeou a cidade sem misericórdia. Depois de um bombardeio de cinco horas, que estilhaçou vidros subterrâneos e matou 61 homens no quartel-general de Tchuikov, o ataque alemão finalmente avançou.

Campo da morte

Em 14 de outubro, duas novas divisões blindadas e cinco divisões de infantaria avançaram em uma frente de apenas 5 km de largura. Os soldados viram-se atraídos para um campo da morte especialmente preparado pelos russos, com casas e, às vezes, praças ou quarteirões inteiros intensamente minados. O combate tornou-se tão confinado que os alemães ocupavam metade de um prédio em ruínas enquanto os russos ocupavam a outra metade.

Quando preparavam um edifício como fortaleza, os russos destruíam as escadas, para que os alemães tivessem de lutar separadamente a cada andar. De acordo com Tchuikov, aquele dia 14 de outubro foi "o mais sangrento e feroz de toda a batalha".

Os soviéticos foram empurrados até tão perto do Volga que os barcos que traziam suprimentos do outro lado caíram sob o fogo das metralhadoras pesadas. No último momento, uma divisão siberiana entrou na luta. Seus homens receberam ordens de lutar até a morte. Eles foram golpeados com morteiros, artilharia e bombardeiros de mergulho. Nas duas semanas seguintes, os alemães fizeram 117 ataques, 23 deles em um único dia. Mas os siberianos aguentaram. Empacados, os alemães recorreram ao esgoto para ocupar os últimos 300 m sob a cidade até o Volga. Mas quando o alcançaram, ficaram isolados. Houve combate corpo a corpo sob os escombros, ambos os lados movidos à vodca e benzedrina. Quatro dias depois, só restavam russos. Então, um silêncio terrível caiu sobre Stalingrado: o silêncio da morte.

A essa altura, Jukov já montara um novo exército. Os canhões abriram fogo ao norte e ao sul da cidade. Um movimento em pinça logo cercou 250.000 alemães no rompimento mais decisivo da frente oriental. Hitler disse a Paulus para defender o terreno até que a "Fortaleza Stalingrado" fosse libertada. Göring disse a Hitler que sua Luftwaffe poderia lançar 500 toneladas de provisões por dia. Enquanto isso, o general Erich von Manstein correu para o resgate com uma cabeça de lança de Panzers, na vanguarda de um comboio de caminhões de suprimentos. Ele foi detido por T-34 russos, e Paulus recusou-se a tentar o rompimento, já que Hitler lhe ordenara que ficasse onde estava.

Göring não conseguiu cumprir sua promessa. Em 8 de janeiro, os russos ofereceram a rendição. Hitler promoveu Paulus a marechal de campo, para pressioná-lo a não aceitar a tal rendição. Em 30 de janeiro, o posto de comando de Paulus foi invadido, e 91 mil sobreviventes, famintos e gelados, foram capturados. Enquanto saíam marchando, um coronel soviético apontou os escombros de Stalingrado e gritou: "É assim que Berlim vai ficar!". Dois exércitos alemães inteiros foram destruídos, inclusive suas reservas. Cerca de trezentos mil homens treinados foram perdidos. Eram insubstituíveis. A batalha fora um banho de sangue. Só nos estágios finais, 147.200 alemães e 46.700 russos morreram.

Capítulo 5

GUERRA NO PACÍFICO

Às 7h53 do domingo, 7 de dezembro de 1941, 181 aviões de combate japoneses atacaram a Frota do Pacífico norte-americana fundeada em Pearl Harbor, a maior base naval dos EUA em Oahu, no arquipélago do Havaí. Quarenta minutos depois, uma segunda onda de 170 aviões realizou um segundo ataque. Embora não houvesse declaração formal, o fato de agora os Estados Unidos estarem em guerra era incontestável.

Conflito em formação

Embora o ataque a Pearl Harbor fosse uma surpresa, a guerra entre os Estados Unidos e o Japão não era totalmente inesperada. No início do século XX, o Japão tornou-se uma grande potência naval e venceu a grande Frota Imperial russa na Guerra Russo-Japonesa de 1904-1905. Na década de 1930, quando militaristas assumiram o controle do governo os japoneses já dominavam a Coreia e a Man-

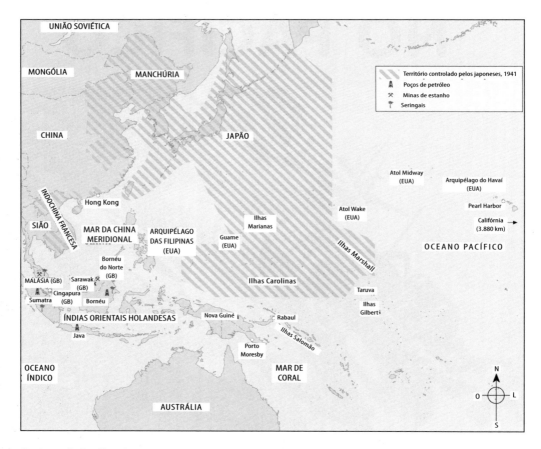

O teatro do Pacífico, 1941-1945.

Vista aérea da ilha Ford durante o ataque japonês de surpresa a Pearl Harbor, no Havaí. Um jorro d'água sobe de uma explosão, enquanto vários aviões sobrevoam a ilha.

chúria e, em 1937, atacaram a China. Para aumentar suas possessões no continente, eles pretendiam tomar as colônias britânicas, francesas e holandesas no Extremo Oriente, além das Filipinas, sob controle americano, e criar a chamada "Grande Esfera de Prosperidade Conjunta do Leste da Ásia" – em outras palavras, um império japonês.

Washington apoiou Chiang Kai-shek, o líder nacionalista chinês que resistia ao massacre japonês, e impôs sanções ao Japão. Os japoneses uniram-se ao Eixo e assinaram o Pacto Tripartite com a Alemanha e a Itália em 27 de setembro de 1940.

Em junho de 1941, quando atacou a União Soviética, Hitler convidou o Japão a entrar na guerra e ocupar o litoral oriental da Rússia. Mas, em 1939, o país asiático sofrera retumbante derrota diante dos soviéticos na Batalha de Nomonhan, na Mongólia, semanas antes de os alemães atacarem a Polônia, e decidiu, então, beneficiar-se do ataque alemão em vez de auxiliá-lo. Na verdade, a Operação Barbarossa neutralizava a União Soviética como inimigo no Extremo Oriente e dava aos japoneses a oportunidade de atacar ao sul e ocupar as colônias europeias, desde que a ameaça dos Estados Unidos também pudesse ser neutralizada.

Em 20 de novembro de 1941, os Estados Unidos receberam um ultimato do governo japonês: o país teria de retirar seu apoio ao governo chinês, suspender o embargo comercial e fornecer ao Japão a única mercadoria fundamental que lhe faltava: petróleo.

Os Estados Unidos não aceitaram. Qualquer concessão aos japoneses significaria a queda da China, além das possessões britânicas no Extremo Oriente. Sem seu império, a Grã-Bretanha cairia, deixando nas mãos do Eixo a Europa, a África e a Ásia. E os Estados Unidos ficariam cercados por ditaduras hostis.

Em 26 de novembro, Washington enviou uma resposta ao ultimato japonês que simplesmente delineava mais uma vez os princípios da autodeterminação. Os Estados Unidos sabiam que, para os japoneses, isso não seria aceitável, mas não sabiam que a frota japonesa já zarpara.

O homem que elaborou o plano do ataque a Pearl Harbor era o almirante Isoroku Yamamoto, comandante-chefe da Marinha Imperial japonesa. Ele acreditava que o Japão não conseguiria vencer uma guerra contra os Estados Unidos. Quando lhe perguntaram a probabilidade de vitória do Japão, Yamamoto respon-

Ataque japonês à "fila de encouraçados", visto de um avião nipônico. Rastros e repuxos da queda de torpedos são visíveis à esquerda e no centro. A fumaça branca à distância é do Campo Hickam. A fumaça cinzenta no centro a média distância é do USS *Helena*, torpedeado.

deu: "Se me mandarem lutar, sejam quais forem as consequências, deixarei a luta correr solta durante os seis ou doze primeiros meses, mas não tenho confiança nenhuma no segundo e no terceiro anos."

Aposta improvável

O governo japonês apostou que seis meses seriam suficientes. Nesse tempo, suas forças poderiam varrer o sudeste da Ásia, ocupar os campos petrolíferos indonésios e obter matéria-prima suficiente para suprir sua indústria durante uma guerra prolongada.

A marinha japonesa percebera que os porta-aviões, e não os encouraçados, seriam a arma mais importante em uma guerra no Pacífico. O país construiu uma frota de porta-aviões e equipou-a com bombardeiros de mergulho, bombardeiros lançadores de torpedos e os melhores caças do mundo. O plano de Yamamoto era destruir a Frota do Pacífico dos EUA em Pearl Harbor em um ataque tão veloz que não houvesse tempo de reagir.

Enquanto o trânsito diplomático entre Washington e Tóquio ficava cada vez mais hostil, Yamamoto reuniu secretamente uma armada, sob o comando do vice-almirante Chuichi Nagumo, nas ilhas Curilas, a nordeste do Japão. Eram seis porta-aviões imensos – *Akagi*, *Kaga*, *Hiryu*, *Soryu*, *Shokaku* e *Zuikaku* – que levavam, no total, 423 aeronaves. Eles zarparam em 26 de novembro.

A frota seguiu para o norte, mantendo distância das rotas de navegação comercial, e guardou silêncio no rádio até que chegou a uma posição a nordeste das ilhas do Havaí, em 6 de dezembro. Naquele dia, o governo de Tóquio começou a mandar à embaixada japonesa em Washington uma longa mensagem que concluía as negociações diplomáticas, embora não fosse muito diferente de uma declaração de guerra. Mas o atraso na decodificação da mensagem compridíssima fez com que só fosse entregue depois do início do ataque.

Quando a frota japonesa zarpou acreditava-se que todos os porta-aviões americanos estivessem em Pearl Harbor. Cinco tinham estado, mas o *Hornet* e o *Yorktown* foram transferidos para o Atlântico e o *Saratoga* foi chamado de volta para proteger o litoral oeste dos Estados Unidos. E, em 28 de novembro, o *Enterprise* e o *Lexington* zarparam para oeste, para levar aviões para a ilha Wake e o Atol de Midway.

Às 5h50 da manhã de 7 de dezembro, os porta-aviões japoneses viraram-se contra o vento. As condições atmosféricas não eram nada perfeitas. O vento era forte e o mar estava revolto, mas só um dos 183 aviões da primeira onda se perdeu na decolagem. Outro apresentou defeito no motor e teve de voltar. Mas, às 6h20, 49 bombardeiros, 51 bombardeiros de mergulho, 40 aviões-torpedeiros e 41 caças Zero seguiam para Oahu, enquanto a segunda onda se preparava no convés de voo.

Às 7h, o comandante Mitsui Fuchida, líder da força de ataque, captou música de uma estação de rádio havaiana e fixou-se nela. Cinco minutos depois, dois operadores de radar americanos, na estação militar recém-criada no norte de Oahu, perceberam um bipe, mas a vinda do continente de uma ala de B-17 americanos era esperada naquela manhã.

Os aviões japoneses mantiveram-se acima de uma espessa camada de nuvens. Era manhã de domingo, e havia poucos marinheiros nos conveses. Os navios estavam fundeados juntos, formando um alvo fácil. Dos trezentos aviões baseados nos campos de pouso da ilha, apenas três estavam no ar, e os outros, estacionados em formação cerrada.

Às 7h53, Fuchida mandou a famosa mensagem de rádio *"Tora, tora, tora"* – "Tigre, tigre, tigre" –, ou seja, os americanos tinham sido pegos totalmente de surpresa. E os aviões japoneses lançaram-se à caça.

Sob ataque

Quando a primeira bomba caiu, os americanos que a ouviram acharam que fora lançada por engano por um de seus aviões. Só quando um bombardeiro de mergulho explodiu um hangar no Centro de Comando da Ilha Ford o comandante Logan Ramsey percebeu que a ilha estava sendo atacada. Freneticamente, ele enviou uma mensagem de rádio: "Ataque aéreo, Pearl Harbor. Não é treinamento."

Quando a primeira bomba caiu, os americanos acharam que fora lançada por acidente por um de seus aviões. Só quando um bombardeiro de mergulho explodiu um hangar eles perceberam que a ilha estava sendo atacada.

Às 7h55, a Frota do Pacífico e os campos de pouso circundantes caíram sob um ataque em grande escala. Nas duas horas seguintes choveram bombas, e torpedos romperam os cascos desprotegidos dos melhores encouraçados da marinha dos Estados Unidos. Em meio às explosões, artilheiros conseguiram responder ao fogo, mas foram atrapalhados por atirar de conveses adernados e pela falta de munição, trancada em caixas de armazenamento.

O encouraçado USS *Arizona* explodiu e foi completamente destruído. O *Oklahoma* emborcou. O *Califórnia*, o *Nevada* e o *West Virginia* afundaram ainda ancorados. Três outros encouraçados, três cruzadores, três contratorpedeiros e várias outras embarcações também foram avariadas. Cento e sessenta e nove aeronaves foram completamente destruídas e 150 avariadas, principalmente em terra. No total, 2.403 americanos morreram, dos quais 68 civis. Outros 1.176 ficaram feridos.

Os japoneses perderam 29 aviões. Outros dez ou quinze retornaram aos porta-aviões, mas estavam tão avariados que foram jogados ao mar para abrir espaço para os aparelhos que voltavam. Outros quarenta estavam avariados, mas poderiam ser consertados. Parecia uma vitória estrondosa. No entanto, apesar dos apelos de Fuchida, o almirante Nagumo recusou-se a mandar uma terceira onda de aviões, que já estavam abastecidos, carregados de bombas e à espera nos conveses de voo. Com as defesas de Pearl Harbor agora esfaceladas, uma terceira ou quarta onda daria cabo dos encouraçados e deixaria os campos de pouso fora de ação. E um ataque ao depósito de combustível da marinha americana transformaria em fumaça toda a estratégia naval dos Estados Unidos no Pacífico.

Para recolher os aviões que retornavam, a frota japonesa avançara até ficar a 300 km da ilha, e agora estava vulnerável. Nagumo não sabia a localização da frota de porta-aviões americanos, que a esta altura já estaria à sua procura. Ele cumprira sua missão. De acordo com os relatórios de danos recebidos, a Frota do Pacífico dos EUA ficaria fora de ação durante pelo menos seis meses, e era disso que precisavam. Assim, o *Akagi*, nau capitânia de Nagumo, içou a bandeira que ordenava a retirada para noroeste. Sob o convés, os pilotos, desapontados, disseram: "Agora podemos viver até os cem anos."

No dia seguinte, o presidente Roosevelt disse à sessão conjunta do Congresso americano: "Ontem, 7 de dezembro de 1941, dia que viverá na infâmia, os Estados Unidos da América foram repentina e deliberadamente atacados pelas forças navais e aéreas do Império do Japão."

Pearl Harbor não foi o único alvo a ser atacado pelos japoneses. O presidente Roosevelt listou o que mais aconteceu naquela dia: "Ontem o governo japonês também lançou um ataque contra a Malásia. Na noite passada, forças japonesas atacaram Hong Kong. Na noite passada, forças japonesas atacaram Guam. Na noite passada, forças japonesas atacaram o arquipélago das Filipinas. Na noite passada, os japoneses atacaram a ilha Wake. Esta manhã, os japoneses atacaram o Atol Midway. Peço que o Congresso declare que, desde o ataque covarde e não provocado do Japão no domingo, 7 de dezembro, existe um estado de guerra entre os Estados Unidos e o império japonês."

Às 16h10 daquela tarde de 8 de dezembro, o presidente Roosevelt assinou a declaração de guerra. No mesmo dia, a Grã-Bretanha também anunciou guerra ao Japão.

Para os japoneses, os ataques a Hong Kong e Cingapura foram especialmente gratificantes, já que a Grã-Bretanha era considerada o verdadeiro inimigo do Japão no Extremo Oriente. No dia seguinte, os asiáticos ocuparam Bangcoc e desembarcaram em Tarawa e Makin, nas ilhas Gilbert. Então, em 10 de dezembro, as duas belonaves mais poderosas da Grã-Bretanha a leste de Suez, o encouraçado *Prince of Wales* e o cruzador *Repulse*, que navegavam em defesa de Cingapura, foram afundados no golfo do Sião. No mesmo dia, os japoneses desembarcaram em Luzon, a principal ilha filipina.

Em 11 de dezembro de 1941, Hitler cometeu talvez o maior erro do conflito: declarou guerra aos Estados Unidos. Ele não era obrigado a isso pelo Pacto Tripartite, assim como o Japão não declarara guerra à União Soviética.

> *Em 11 de dezembro de 1941, Hitler cometeu talvez o maior erro do conflito: declarou guerra aos Estados Unidos. Ele não era obrigado a isso pelo Pacto Tripartite...*

Roosevelt já fizera um acordo com Churchill e, com exceção de ações defensivas no Pacífico, eles travariam primeiro a guerra na Europa. Mas, o público americano clamava por sangue. O almirante Chester W. Nimitz foi nomeado comandante da Frota do Pacífico e reuniu os três porta-aviões que estavam em alto-mar quando os japoneses atacaram: os USS *Lexington*, *Saratoga* e *Enterprise*. Com outros cinco – *Langley*, *Ranger*, *Wasp*, *Hornet* e *Yorktown* – formaram a coluna dorsal da frota americana que travou a guerra do Pacífico.

O Ataque Doolittle

Em 18 de abril de 1942, 16 bombardeiros B-25, sob o comando do tenente-coronel James Doolittle, cada um deles levando uma tonelada de bombas, decolaram do USS *Hornet* e partiram para o Japão, a 965 km de distância. A esperança de que o navio pudesse se aproximar mais se desfez quando o porta-aviões encontrou, inesperadamente, barcos de patrulha japoneses. As pequenas embarcações foram afundadas, mas não antes de enviarem pelo rádio a notícia da força americana que se aproximava.

Em vez de abandonar o ataque, ele foi antecipado. As cidades atingidas foram Tóquio, Kobe e Yokohama. A intenção era voar depois para a China, em guerra com o Japão havia aproximadamente cinco anos. Mas, devido à escassez de combustível, um dos aviões caiu perto de Vladivostok, e sua tripulação foi presa pelos russos, que não estavam ainda em guerra com o Japão, mas fugiram em 1943. Dois aviões e oito homens caíram em mãos japonesas. Embora prisioneiros de guerra, três foram fuzilados. Outro morreu de inanição durante o cativeiro. Dois homens afogaram-se depois que seu avião caiu no mar. Entretanto, grande percentual de tripulantes sobreviveu, embora alguns tenham sofrido ferimentos graves.

Mesmo sendo leves os danos causados ao Japão, o alto-comando dissera ao povo

O tenente-coronel James H. Doolittle, da Força Aérea americana, prende uma medalha japonesa a uma bomba de 500 libras pouco antes de sua força de 16 bombardeiros B-25 decolar rumo ao Japão no chamado Ataque Doolittle, em 18 de abril de 1942.

82 UMA BREVE HISTÓRIA DA SEGUNDA GUERRA MUNDIAL

Destemidos bombardeiros de mergulho do USS *Hornet* aproximam-se do cruzador pesado japonês *Mikuma*, já gravemente avariado, na terceira onda de ataques ao navio no início da tarde de 6 de junho de 1942.

que a pátria não seria bombardeada. Para afastar os americanos para além do alcance de bombardeio, Yamamoto insistiu que o Atol Midway fosse ocupado.

A Batalha do Mar de Coral

O primeiro impasse entre as marinhas japonesa e norte-americana ocorreu na Batalha do Mar de Coral, em 7 e 8 de maio de 1942. Os americanos monitoravam as comunicações inimigas e descobriram o plano de capturar Port Moresby, no litoral sudeste da Nova Guiné, e ameaçar a Austrália.

Em consequência, os porta-aviões japoneses *Shokaku* e *Zuikaku* foram enfrentados pelos USS *Lexington* e USS *Yorktown*. Os navios nunca se aproximaram mais que 112 km, e pela primeira vez, travou-se uma batalha de aeronaves que decolavam de porta-aviões.

Em 7 de maio de 1942, aviões espiões japoneses avistaram um porta-aviões e um cruzador americanos, e uma força de aeronaves de ataque foi despachada. Na verdade, eram um petroleiro americano e um contratorpedeiro de escolta. Ambos foram destruídos pela ação do inimigo.

Os Estados Unidos deram tratamento semelhante a um cargueiro leve, o *Shoho*, e

O cruzador pesado japonês *Mikuma* na tarde de 6 de junho de 1942, depois de bombardeado por aviões dos USS *Enterprise* e *Hornet*.

a quatro cruzadores. Os japoneses não faziam ideia de onde tinham vindo os aviões americanos.

No dia seguinte, o *Lexington* foi torpedeado e bombardeado. Abandonado, afundou. O *Yorktown* também ficou muito avariado e teve de bater em retirada. Enquanto isso, aviões americanos avariaram o *Shokaku*, que partiu para águas mais seguras. Perderam-se muito mais aviões japoneses que americanos. Mas, beneficiado pelas nuvens baixas, o *Zuikaku* ficou ileso.

Assim, a batalha foi uma vitória marginal para os japoneses, embora tivessem recuado, deixando o campo para os americanos.

A Batalha de Midway

O Atol Midway, com apenas 5 km², ficam no meio do Oceano Pacífico e eram desabitadas, a não ser pelos militares norte-americanos. Era a segunda base naval, em sequência, depois de Pearl Harbor.

O almirante Yamamoto vislumbrou uma invasão rápida para expulsar os americanos e ocupar o campo de pouso. Ele também acreditava que isso forçaria os porta-aviões inimigos a entrarem em ação, para que pudessem ser destruídos por uma força de ataque japonesa superior. Além disso, ele planejava capturar as Ilhas Aleutas, território dos EUA, para distrair as forças americanas.

Os decodificadores sabiam que havia planos para uma operação, mas não tinham certeza do alvo. O comandante Joseph P. Rochefort, encarregado da espionagem, pediu à base de Midway que transmitisse uma mensagem falsa afirmando que a usina de dessalinização estava com defeito. Então as mensagens

Diorama de Norman Bel Geddes mostrando o ataque com torpedos do USS *Hammann* e do USS *Yorktown* pelo submarino japonês I-168 na tarde de 6 de junho de 1942, durante a Batalha de Midway.

codificadas japonesas revelaram que o alvo tinha problemas de água doce. Porta-aviões norte-americanos, inclusive o *Yorktown* recém-reparado, assumiram posição.

Ao amanhecer de 4 de junho de 1942, ambos os lados enviaram aviões de reconhecimento. Os pilotos americanos encontraram a força naval japonesa, como esperado. Mas os japoneses concentravam-se no poderio militar de Midway. Só depois descobriram a presença da frota americana.

Embora a base aérea escapasse quase ilesa, o número de aviões americanos atingidos por caças Zero foi imenso.

O caça Mitsubishi A6M "Zero" era o orgulho da frota japonesa. Ele trabalhava em conjunto com o bombardeiro de mergulho Aichi D3A, chamado de "Val" pelos Aliados, e com o Nakajima B5N, também chamado de "Kate", aeronave de ataque que levava um torpedo de 45 cm ou uma bomba perfuradora de blindagem de 800 kg. Todos eram transportados até o local da decolagem pelas três frotas de porta-aviões.

Só às 10h25 da manhã, cerca de quatro horas depois das primeiras escaramuças no céu de Midway, os americanos conseguiram um avanço significativo. Três esquadrões de bombardeiros de reconhecimento, dois do *Enterprise* e um do *Yorktown*, alvejaram os quatro porta-aviões, cujos conveses estavam agora cheios de aviões recém-abastecidos e totalmente armados. Em questão de instantes, os porta-aviões *Akagi*, *Kaga* e *Soryu* estavam em chamas e avariados. Só *Hiryu* continuou operacional.

Cerca de noventa minutos depois, 18 bombardeiros de mergulho, escoltados por seis caças, foram atrás do *Yorktown* e provocaram o caos, com três bombas atingindo o alvo diretamente. Uma segunda onda de ataque ao *Yorktown*, enviada pelos japoneses, provocou novas avarias e o navio teve de ser abandonado. Dois dias depois, o torpedo de um submarino japonês o fez afundar.

No entanto, as aeronaves dos porta-aviões americanos foram mais uma vez atrás do *Hiryu* e provocaram avarias graves. O incêndio descontrolou-se, e a tripulação do *Hiryu* teve de abandonar o navio. A bordo, o almirante Yamaguchi e o capitão Kaku cometeram suicídio. Em poucas horas, Yamamoto abandonou a operação Midway. Os japoneses tomaram duas ilhotas das Aleutas, mas a Marinha Imperial japonesa perdera quatro porta-aviões pesados, um cruzador pesado, cem pilotos, 3.400 marinheiros, três comandantes de porta-aviões e um almirante. Os americanos também resgataram os destroços de um Zero, para especialistas identificarem seus pontos fracos. As baixas americanas foram um porta-aviões, um contratorpedeiro e 150 aviões. Seis meses depois de Pearl Harbor, a batalha pelo domínio do Pacífico virara a favor dos Estados Unidos.

Capítulo 6
A BARRIGA VULNERÁVEL

Em janeiro de 1943, na conferência de Casablanca, Churchill convenceu Roosevelt de que o próximo passo dos Aliados deveria ser um ataque à "barriga vulnerável" da Europa. Naquele momento da guerra, a Itália parecia especialmente fraca. Em 10 de junho de 1940, quando se mobilizou, Mussolini tinha 75 divisões. Outras vinte tinham sido criadas, mas 27 se perderam na África. O 8º Exército italiano fora enviado para ajudar a "cruzada contra o bolchevismo" de Hitler na União Soviética. Trinta e seis divisões italianas combatiam guerrilheiros nos Bálcãs ou ocupavam a França. Em três anos, Mussolini perdeu mais de um terço do seu exército.

Em 1943, havia apenas trinta divisões disponíveis para defender a pátria, e algumas não estavam preparadas para o combate. Existiam somente vinte disponíveis para enfrentar uma invasão aliada. Ao lado do exército regular, havia unidades de "defesa costeira", o equivalente italiano da Guarda Nacional. Embora fossem 21 divisões e cinco brigadas, seu efetivo compunha-se principalmente de velhos. Estavam mal equipados, com armamento que viera do exército francês de Vichy, desmobilizado em 1942. Era comum as armas sofrerem falta de peças e munição. As unidades de defesa costeira também estavam espalhadas pelo extenso litoral da Itália. Na Sicília, eram menos de 26 homens por quilômetro. Não era uma força capaz de repelir uma invasão Aliada decidida.

Para os Aliados, o problema era a obviedade ofuscante, para quem soubesse consultar um mapa, de que o próximo passo seria a invasão da Sicília. No entanto, dois integrantes do Comitê XX ("duplo xis"), o major *Sir* Archibald Cholmondley e o capitão de corveta Ewen Montagu, elaboraram um plano astuto. Eles entregariam em mãos alemãs documentos forjados mostrando que os Aliados atacariam a Sardenha. Um corpo portando os documentos seria largado por um submarino ao largo do litoral da Espanha, onde o governo fascista trabalhava intimamente com a Abwehr, o serviço de informações militares da Alemanha. Seria plausível que o cadáver fosse de um mensageiro, perdido quando sobrevoava território inimigo.

A Operação Mincemeat, como passou a ser conhecida, funcionou perfeitamente. Hitler ordenou o reforço das fortificações na Sardenha e na vizinha Córsega, e mandou uma brigada adicional das Waffen SS para a Sardenha. Uma Divisão Panzer foi mandada da França para a Grécia. Outras duas divisões Panzer foram transferidas da Rússia pouco antes da grande Batalha de Kursk. E Rommel recebeu ordens de formar um grupo de exércitos em Atenas. Os indícios da verdadeira intenção dos Aliados surgiram já em 6 de junho, quando seus aviões começaram a bombardear a fortaleza insular de Pantellia, no canal entre a Tunísia e a Sicília. Durante seis dias, 6.550 toneladas de bombas foram lançadas e, em 12 de junho, o vice-almirante Gino Pavesi rendeu-se com sua guarnição de doze mil homens.

Em 10 de junho de 1943, o 8º Exército de Montgomery e o Sétimo do general George Patton desembarcaram no litoral sul da Sicília. O sucesso da Operação Mincemeat fez com que os defensores estivessem no litoral norte, diante da Sardenha. No entanto, eles sabiam que haveria um ataque. Durante o mês anterior, as defesas da ilha tinham sido golpeadas por quatro mil aviões Aliados. Boa parte das defesas e da infraestrutura, inclusive os campos de pouso, havia sido destruída.

Operação Husky

Mesmo assim, a Operação Husky quase virou um desastre. Na noite anterior, aeronaves do Eixo tinham avistado a frota Aliada partindo de Malta. Naquela noite, a armada foi atingida por uma tempestade e quase forçada a voltar. No entanto, devido ao tempo ruim os defensores baixaram a guarda. Mas, o vento forte cobrou seu preço das tropas aerotransportadas e lançou ao mar e à morte planadores e paraquedistas. Os que pousaram na ilha por volta das 5h da manhã estavam muito dispersos. Ainda assim, conseguiram atrapalhar os movimentos inimigos, e cerca de cem soldados britânicos aerotransportados ocuparam uma ponte importantíssima em Primsole, ao sul de Catania, e a mantiveram durante cinco dias até o 8º Exército chegar para ajudá-los.

No amanhecer do dia 10, as defesas costeiras foram atacadas por aeronaves táticas e golpeadas pelo fogo dos canhões navais. Então, uma frota de 2.590 embarcações, com 237 lanchas de transporte de tropas e 1.742 lanchas de desembarque começou a desembarcar 115 mil soldados britânicos e canadenses e 66 mil americanos. Diante deles estavam os 230 mil homens e os 150 canhões do Sexto Exército italiano, que tinha poucas unidades motorizadas, apoiado pela 15ª Divisão Panzergrenadier, apenas parcialmente motorizada, e pela Divisão Panzer *Hermann Göring*, com apenas dois batalhões de infantaria e menos de cem tanques – embora entre eles houvesse uma companhia de Tigres. Também havia uma divisão e uma brigada da força de defesa costeira para manter 190 km do litoral sul contra seis divisões britânicas e americanas, enquanto a oeste de Licata a 3ª Divisão americana enfrentava apenas dois batalhões.

A força de defesa costeira italiana travou um combate heroico. Mas, por enfrentar efetivo superior apoiado por tanques, foi praticamente destruída. À noite, o general Alfredo Guzzoni, comandante do Sexto Exército italiano, ordenou que a 15ª Divisão Pan-

Il Duce (Mussolini) fala aos soldados no alto de um tanque leve italiano.

zergrenadier defendesse a cidade central de Enna, enquanto a Divisão Panzer *Hermann Göring* e a Divisão *Livorno* italiana atacariam a cabeça de ponte americana em Gela.

Na manhã seguinte, os Panzers invadiram os postos avançados da 1ª Divisão americana, mas, assim que chegaram a 1.800 metros da praia, caíram sob fogo de seis contratorpedeiros e dos cruzadores *Savannah* e *Boise*, que lançaram 3.194 granadas de cinco e seis polegadas, destruindo trinta tanques. A Divisão *Livorno* também foi muito atingida. Enquanto isso, o 8º Exército britânico ocupou os portos de Augusta e Siracusa sem

Na manhã seguinte, os Panzers invadiram os postos avançados da 1ª Divisão americana, mas, assim que chegaram a 1.800 m da praia, caíram sob fogo de seis contratorpedeiros...

dar um único tiro, porque as guarnições já tinham sido evacuadas.

Em 14 de julho, o 8º Exército britânico e o Sétimo americano encontraram-se. Montgomery planejara uma corrida pelo litoral leste até Messina, para encurralar os defensores da ilha e forçar a rendição, mas o marechal de campo Albert Kesselring, comandante-chefe alemão presente na Itália, antecipou-se: mandou para lá

Hora Zero: o começo da invasão aliada da Sicília. A hora zero chegou e os homens das forças aliadas recebem a ordem de avançar.

a 29ª Divisão Panzergrenadier e dois regimentos de paraquedistas. E, em 17 de julho, o general Hans Hube e o Estado-maior do XIV Corpo Panzer assumiram o comando de todas as forças alemãs em combate na Sicília. A resistência aumentou, e Montgomery ficou retido em Catania. Então, ele se virou para o interior, direcionando o ataque para oeste do monte Etna.

Sitiado

Patton avançou para oeste e, em 22 de julho, capturou Palermo, a capital da Sicília. Ele também planejava investir sobre Messina ao longo do litoral norte. Mas Hube o deteve na cidadezinha de Santo Stefano, a meio caminho da estrada costeira. Enquanto isso, a 1ª Divisão canadense contornou Enna e avançou para noroeste, confinando os defensores na extremidade nordeste da ilha. Enquanto isso, os britânicos desembarcaram em Siracusa a 78ª Divisão, enquanto a 9ª Divisão americana desembarcava em Palermo. Isso aumentou o efetivo dos Aliados para 11 divisões. Com imensa desvantagem numérica, Hube recuou.

Os italianos já tinham sofrido uma série de derrotas no norte da África e, com o continente da Itália ameaçado, estavam ansiosos para fazer a paz com os Aliados. Na noite de 24 de julho de 1943, o Grande Conselho fascista derrubou Mussolini do poder. No dia seguinte, ele foi preso e levado para o Campo Imperatore, no alto dos montes Abruzos, onde se acreditava que o resgate seria impossível. Enquanto isso, o novo governo italiano começou as conversações secretas de paz com os Aliados.

Alguns dias depois da queda de Mussolini, Kesselring recebeu ordens de retirar da Sicília as quatro divisões do XIV Corpo Panzer. O estreito de Messina estava cheio de canhões antiaéreos, e Hube conseguiu levar dois terços de suas forças para o outro lado. Três horas depois, os britânicos e os americanos encontraram-se nas ruínas de Messina. Agora havia apenas três quilômetros de água límpida entre o exército aliado e a parte continental da Itália.

O custo da Operação Husky foi de 5.532 Aliados mortos, 14.410 feridos e 2.869 desaparecidos. Os italianos tiveram 4.278 mortos e os alemães, 4.325 Os Aliados fizeram cerca de 132.000 prisioneiros, além de apreenderem 520 canhões e 260 tanques.

A invasão da Itália

Em 2 de setembro de 1943, uma pequena força aliada desembarcou no "calcanhar" da Itália e ocupou rapidamente os portos de Brindisi e Taranto. No dia seguinte, o 8º Exército de Montgomery atravessou o estreito de Messina e desembarcou na Calábria, na "ponta do pé" da Itália. Naquele dia, o novo governo italiano concordou com os termos de paz dos Aliados.

Sob o acordo de paz, os americanos prometeram lançar a 82ª Divisão Aerotransportada nos arredores de Roma e ocupar a cidade, mas a 3ª Divisão Panzergrenadier chegou lá primeiro.

Salerno

Em 9 de setembro, 50 km ao sul de Nápoles, desembarcou uma força anglo-americana comandada pelo general Mark Clark. Kesselring previra isso e conseguiu segurar os Aliados em sua cabeça de ponte durante seis dias.

Dezessete outras divisões foram mandadas para a Itália sob o comando de Rommel, que estabeleceu seu quartel-general em Bolonha. Várias unidades italianas desfizeram-se, mas Rommel conseguiu assumir o controle de dez divisões e acrescentá-las a seu comando.

Para dar alguma legitimidade a essa invasão da Itália, Hitler desenvolveu uma trama para resgatar Mussolini. Em 12 de setembro de 1943, um grupo alemão de operações especiais, comandado por Otto Skorzeny, oficial das SS, pousou em planadores na encosta atrás do Campo Imperatore e o libertou. Mussolini foi levado de avião para Munique, onde Hitler sugeriu-lhe que criasse uma nova república fascista no norte da Itália. A Repubblica Sociale Italiana foi declarada em 18 de setembro em Sala, no lago Garda.

Em 12 de setembro, Kesselring contra-atacou. Ele concentrou seu ataque entre a 56ª Divisão britânica, à direita, e a 45ª Divisão americana, que avançara com mais rapidez, à esquerda. As forças alemãs tentaram cercar os americanos e esmagar

Desembarque em Salerno: soldados Aliados em Salerno, ao sul de Nápoles, em 9 de setembro de 1943.

a cabeça de praia de Salerno. A batalha desenrolou-se em torno de Ponte Bruciato. Clark lançou no combate todos os homens que tinha, inclusive a banda de um regimento e os ordenanças e cozinheiros do quartel-general. No entanto, o avanço alemão fracassou quando Hitler recusou-se a reforçar o Décimo Exército de Kesselring depois que Rommel lhe disse que a Itália não poderia ser defendida ao sul de uma linha que ia de La Spezia a Rimini.

Em Salerno, os alemães foram detidos a 8 km da praia, onde ficaram presos pelo bombardeio naval aliado. Novas bombas alemãs controladas pelo rádio atingiram o cruzador americano *Savannah*, o cruzador britânico *Uganda* e o encouraçado *Warspite*. Finalmente, os americanos foram resgatados quando Montgomery conseguiu o rompimento em Agropoli. O Décimo Exército alemão foi derrotado ao custo de 5.674 baixas americanas.

Em 1º de outubro, o Quinto Exército americano entrou em Nápoles, enquanto mais forças britânicas desembarcavam em Bari e Termoli, no litoral do Adriático. Então, em 13 de outubro de 1943, o governo italiano em Roma declarou guerra à Alemanha. Isso não incomodou muito Kesselring, uma vez que reforços alemães já consolidavam seu domínio no norte e no centro da Itália. Os Panzers de Rommel conseguiram deter o Quinto Exército americano no rio Volturno, 32 km apenas ao norte de Nápoles, e depois os seguraram no Garigliano. No entanto, Rommel ainda insistia que a Alemanha deveria abandonar Roma e recuar para o norte. Em 21 de novembro, ele foi demitido do posto e Kesselring ficou sozinho no comando.

No litoral leste, o 8º Exército britânico foi detido no rio Sangro. O avanço perdera ímpeto porque as estradas, que passavam por terreno montanhoso, estavam engarrafadas. Assim, os franceses desembarcaram a 2ª Divisão marroquina e a 3ª Divisão argelina com 65 mil homens e 2.500 cavalos e mulas. A 2ª Divisão marroquina provou seu valor na primeira vez que caiu na mira do fogo e conquistou para o Corpo Expedicionário francês um lugar na linha de frente.

Anzio

Os alemães entrincheiraram-se ao longo da Linha Gustav, posição defensiva que se estendia 160 km através da península italiana, centrada na cidade de Cassino, com o mosteiro histórico de Monte Cassino na montanha acima dela.

Com a estrada para Roma agora bloqueada, os Aliados prepararam outro ataque anfíbio e, em 22 de janeiro de 1944, desembarcaram setenta mil soldados em Anzio e na vizinha Nettuno, apenas 60 km ao sul de Roma e 97 km atrás da Linha Gustav. A princípio os desembarques foram bem-sucedidos, mas o comandante americano, general de brigada John P. Lucas, não aproveitou a oportunidade para uma arremetida contra Roma, que interromperia as comunicações alemãs pelo caminho e forçaria Kesselring a evacuar a Linha Gustav. Em vez disso, Lucas passou a maior parte da semana consolidando sua cabeça de ponte. Isso deu tempo a Kesselring para organizar uma contraofensiva e encurralar a imensa força anglo-americana em sua cabeça de ponte. Frustrado, Churchill escreveu a Alexander, que estava no comando geral da Itália: "Eu esperava ver um gato selvagem rugindo nas montanhas... E o que encontro? Uma baleia chafurdando nas praias."

Churchill sentia que, se os desembarques em Anzio e Nettuno tivessem dado certo, sua estratégia da "barriga vulnerável" estaria comprovada e as forças anglo-americanas seriam capazes de invadir a península italiana, atravessar a Áustria e chegar à Alemanha antes do Exército Vermelho.

Incapaz de se deslocar, Lucas foi forçado a estabelecer uma defesa estática, golpeada por um canhão ferroviário de 280 mm, chamado de "Annie de Anzio" ou "Anzio Express". Como os desembarques em Anzio e Nettuno não tinham conseguido flanquear a Linha Gustav, o rompimento era imperativo. O Corpo da Nova Zelândia recebeu ordem de encabeçar um ataque no vale do Liri. Seu comandante, o general de divisão Bernard Freyberg, insistiu que o mosteiro histórico de Monte Cassino, que dava para o vale, tinha de ser bombardeado antes que seus homens avançassem.

Monte Cassino

Na manhã de 15 de fevereiro de 1944, 229 bombardeiros americanos lançaram 453 toneladas de bombas incendiárias e de alto poder explosivo sobre o mosteiro, reduzindo-o a escombros. No entanto, isso não provocou o rompimento que os Aliados tanto desejavam. Assim, em 15 de março, 775 aviões lançaram 1.250 toneladas de bombas sobre a cidadezinha de Cassino, que também foi alvo de artilharia durante duas horas. Isso foi um tiro no pé. Os escombros constituíam excelentes posições defensivas, e as crateras das bombas atrapalhavam o movimento dos blindados. A luta nas ruas de Cassino recordou a feroz Batalha de Stalingrado, enquanto nas encostas do monte os Gurcas [força de elite a serviço do exército britânico composta por soldados do Nepal] lutavam arduamente por poucos metros de terreno. Em 23 de março, Freyberg cancelou o ataque. Custara mais de dois mil homens e não atingira nenhum de seus objetivos.

Então, o general Alexander tirou do Adriático o 8º Exército britânico para aumentar a pressão em torno de Monte Cassino. Um ataque conjunto começou

na noite de 11 de maio. Eles romperam entre Cassino e o litoral. Monte Cassino acabou caindo em 18 de maio, diante do Corpo Polonês do 8º Exército.

Para defender a Linha Gustav, Kesselring teve de retirar homens de Anzio, permitindo ali o avanço das forças aliadas. Então, o Corpo canadense do 8º Exército ocupou o vale do Liri e a Linha Gustav começou a desmoronar. Em seguida, o general Mark Clark arremeteu contra Roma. Ao avaliar a situação, Kesselring declarou que Roma era uma "cidade aberta" e evacuou seus soldados. Clark entrou em Roma em 5 de junho. Foi um tremendo golpe de propaganda na véspera do Dia D. A capital de uma das potências inimigas estava agora em mãos aliadas. No entanto, em termos mi-

Uma semana depois, o contingente alemão e italiano que restava do Grupo de Exércitos C, quase um milhão de homens, rendeu-se às forças aliadas. Pelo menos na Itália, a guerra terminara.

O marechal de campo Albert "Sorridente" Kesselring conversa com soldados alemães na Itália.

litares, a investida de Clark sobre Roma foi um erro. Ele perdeu a oportunidade de cercar os soldados alemães que recuavam da Linha Gustav e que conseguiram fazer a retirada em boa ordem até outra linha defensiva ao longo do rio Arno, 260 km ao norte de Roma.

Mesmo assim, em 7 de junho Alexander relatou a Churchill que nem mesmo os Alpes amedrontariam seu exército. Churchill ficou empolgado com a possibilidade de os exércitos Aliados ocuparem a Iugoslávia e chegarem a Viena antes dos russos. Mas, até os chefes de Estado-maior britânicos duvidavam que Alexander conseguisse chegar aos Alpes até o final do ano. Tinham razão. Embora a linha defensiva ao longo do Arno fosse ultrapassada em 13 de agosto, os alemães recuaram para a Linha Gótica, pesadamente fortificada mais ao norte.

Os Aliados passaram outro inverno tremendo de frio no alto dos Apeninos. No entanto, as rotas de suprimento mantiveram-se abertas com a ajuda de milhares de civis, enquanto os alemães sofriam nas mãos de guerrilheiros atrás de suas linhas. Na primavera, a avassaladora superioridade aérea dos Aliados entrou novamente em jogo.

A morte do ditador

Em 25 de abril de 1945, colunas blindadas aliadas atravessaram o rio Pó. Uma semana depois, o contingente alemão e italiano que restava do Grupo de Exércitos C, quase um milhão de homens, rendeu-se às forças aliadas. Pelo menos na Itália, a guerra acabara. Mussolini foi capturado por guerrilheiros quando tentava atravessar a fronteira da Suíça, disfarçado de soldado alemão. Em 28 de abril de 1945, ele e sua amante Claretta Petacci foram fuzilados. Os corpos foram pendurados de cabeça para baixo em postes de luz da Piazza Loreto, em Milão.

Em Roma: o general Mark Clark torna-se o primeiro oficial aliado a entrar na cidade de Roma, em 5 de junho de 1944. Em geral, a ação foi considerada uma vitória da propaganda, mas um equívoco militar.

Capítulo 7
A LIBERTAÇÃO DA FRANÇA

A libertação da Europa depois do Dia D: 6 de junho de 1944.

Desde a entrada dos americanos na guerra, a União Soviética pedia desembarques na França, além da abertura de uma segunda frente. Churchill fora contrário, principalmente depois de um ataque desastroso a Dieppe em agosto de 1942, mas sua estratégia de atacar a "barriga vulnerável" da Europa na Itália também parecia um fracasso.

Antes, o ataque à França não seria prático. Navios Aliados que trouxessem homens e material bélico pelo Atlântico ficariam vulneráveis à investida de submarinos alemães. No entanto, em 1943 o código Enigma alemão foi decifrado, e os avanços da radiogoniometria, do sonar e das cargas de profundidade frustraram a ameaça dos submarinos. E a Operação Overlord – a invasão da Normandia – foi marcada para 5 de junho de 1944.

Prontos para retumbar

Na primavera daquele ano cerca de dois milhões de toneladas de material bélico foram acumulados na Grã-Bretanha, com mais de 50.000 tanques, carros blindados, jipes e caminhões. No entanto, houve contratempos: em 27 de abril de 1944, lanchas-torpedeiras alemãs esgueiraram-se pelas defesas marítimas ao largo de Devon e mataram 749 americanos que treinavam para o Dia D.

Ao mesmo tempo, todos os esforços eram envidados para enganar os alemães. Enquanto tanques e veículos blindados de verdade eram escondidos debaixo de árvores, outros feitos de borracha e compensado eram deixados onde aviões de reconhecimento alemães pudessem avistá-los. Na Operação Fortitude, o fictício Primeiro Grupo de Exércitos americano,

Soldados de engenharia americanos inspecionam uma posição de artilharia alemã nos penhascos da Normandia. A posição fazia parte da "Muralha Atlântica", a linha defensiva de Hitler.

comandado pelo general Patton, reunia-se no sudeste da Inglaterra, ostensivamente visando a Calais.

Do outro lado do Canal da Mancha, a Muralha Atlântica, uma linha de fortificações e posições de artilharia de concreto, estendia-se da Noruega à Espanha. No entanto, quando chegou à França para assumir o comando, o marechal de campo Erwin Rommel descobriu que muitas posições de artilharia não estavam prontas e menos da metade dos campos minados previstos tinha sido instalada. Nos primeiros meses de 1944, Rommel iniciou uma tentativa enérgica de tornar as defesas satisfatórias.

O Dia D

Em 4 de junho, a previsão do tempo era péssima e fora do padrão. Relutante, o general Eisenhower, na época comandante supremo da Força Expedicionária Aliada, tomou a decisão de adiar a invasão por 24 horas. Os soldados enjoados e já embarcados ficaram presos nos navios, à espera de que a tempestade passasse.

No dia seguinte, os meteorologistas previram um período de calmaria, e, em

A LIBERTAÇÃO DA FRANÇA   101

Essa ponte importantíssima sobre o canal de Caen foi capturada nas primeiras horas do Dia D pela 6ª Divisão Aerotransportada britânica, cuja insígnia do cavalo alado deu nome à ponte.

5 de junho de 1944, mais de 1.200 embarcações de combate, 4.126 lanchas de desembarque e 804 navios de transporte de tropas zarparam da Grã-Bretanha. A bordo dos navios Aliados havia 132 mil rapazes destinados às praias. A imensa maioria enjoou várias vezes.

Quando surgiu a aurora do dia 6 de junho, os alemães viram-se diante dessa imensa armada e os céus encheram-se de aeronaves aliadas. Cerca de 23.500 soldados britânicos e americanos aerotransportados já tinham sido lançados no interior. Havia pouca resistência organizada em terra, e o maior perigo eram os pântanos em torno dos rios Douve e Merderet além do vale do Dives, inundado por Rommel antes da invasão. Alguns morreram na queda de planadores, e vinte paraquedistas caíram na praça de uma aldeia e foram mortos ou aprisionados pelos alemães. Ainda assim, ao amanhecer, os homens da 82ª Divisão Aerotransportada libertaram Saint Mère Église, primeira aldeia francesa a se livrar da ocupação alemã.

Ponte Pégaso

Os homens da 6ª Divisão Aerotransportada britânica foram encarregados de capturar as pontes que atravessavam o canal de Caen e o rio Orne, em Bénouville. A primeira ponte controlava o acesso do leste, especificamente o Passo de Calais. A partir de sua tomada, passou a ser chamada de Ponte Pégaso, devido ao cavalo alado da insígnia da divisão.

Foi nessa ponte que os invasores fizeram sua primeira vítima alemã. Um jovem sentinela foi derrubado ao disparar um foguete para alertar os seus colegas soldados. Momentos depois, a primeira baixa britânica foi causada por metralhadores alemães. Seu nome era tenente Herbert Denham Brotheridge, e fora escolhido a dedo pelo major John Howard para comandar uma das seis companhias de trinta homens que entraram em ação naquela noite. O planador de Brotheridge caiu dentro das defesas de arame farpado por volta das 2h da madrugada de 6 de junho, e seus homens foram os primeiros a chegar à ponte.

Outros soldados aerotransportados conseguiram aproveitar a surpresa do ataque e limpar pequenos postos alemães. Depois se ocultaram nas praias, à espera do apoio dos soldados Aliados.

Muito embora as defesas das praias fossem atingidas por bombas, os comandantes alemães não tinham certeza de que o Dia D começara. Não esperavam a invasão com aquele clima péssimo. As forças aéreas aliadas também tinham feito ataques diversionários em torno de Calais, levando-os, mais uma vez, a acreditar que o ataque aconteceria ali. Uma armada falsa, provocada por aviões Aliados que lançaram folhas metálicas, foi vista nas telas dos radares alemães, enquanto paraquedistas falsos eram lançados em outros lugares.

A força invasora compunha-se de dez divisões aliadas, inclusive três aerotransportadas, e contava com apoio naval. À espera na Normandia havia 25 divisões costeiras estáticas, 16 divisões de paraquedistas e infantaria e 10 divisões blindadas e mecânicas, com sete na reserva.

Na alvorada cinzenta, a 1ª e a 4ª Divisões de Infantaria americanas seguiam para praias de codinome "Utah" e "Omaha", enquanto britânicos e canadenses rumaram para as praias "Juno", "Sword" e "Gold". As cinco praias estavam situadas em um trecho de 88 km de litoral.

As praias britânicas

Na praia Gold, os invasores enfrentaram resistência organizada dos alemães e um setor maciço da Muralha Atlântica. Também havia mais obstáculos submarinos ali que nas outras praias. Conforme o dia avançava, os soldados foram empurrados areia acima pela maré, e os sapadores foram impedidos de terminar a tarefa de

A LIBERTAÇÃO DA FRANÇA   103

limpar as praias de obstáculos. Muitos morreram na areia enquanto o litoral era varrido pelo fogo, até que finalmente as casamatas e posições de artilharia fossem destruídas por aviões ou canhões navais.

À tarde, os defensores tinham sido forçados a recuar. Soldados recém-chegados tiveram de lutar nas dunas, nos charcos e campos próximos. O sargento-mor de companhia Stan Hollis, do regimento britânico dos Green Howards, foi condecorado com a Cruz da Vitória por limpar sozinho uma casamata e afastar o fogo inimigo de mais dois homens.

No final do dia, as baixas na praia Gold chegaram a mil homens.

Dos 24 mil que atacaram a praia Juno, 15 mil eram canadenses e nove mil, britânicos. Em comum com as outras praias, os homens da primeira onda foram atrapalhados por embarcações viradas e canhões inimigos. O ataque inicial por bombardeiros praticamente fracassara no objetivo de tornar a passagem mais segura.

A praia Sword também se reduziu ao caos, embora mais uma vez os homens chegassem rapidamente às saídas. Os defensores alemães, a princípio surpreendidos pelo ataque, logo se recuperaram e ofereceram intensa resistência.

Foi na praia Sword que lorde Lovat e seus soldados escolhidos a dedo – inclusive antifascistas alemães – desembarcaram com o gaiteiro Bill Millin. Lovat caminhou pela água de cabeça er-

Navio americano de desembarque de tanques e soldados na praia Omaha, cenário do combate mais feroz do Dia D. A barragem de balões protege os navios de ataques aéreos inimigos.

guida, com a ajuda de uma bengala. Sua meta era promover o moral, embora o gaiteiro também servisse para atrair o fogo inimigo.

As praias americanas

Em Utah, os desembarques mais pareceram um exercício, principalmente porque os soldados aerotransportados tinham destruído a resistência alemã. Dos 23 mil homens que desembarcaram na praia Utah, em 6 de junho, apenas 197 foram mortos ou feridos.

A situação foi muito diferente na vizinha Omaha, onde nuvens baixas tinham impedido que os bombardeiros fizessem ataques bem-sucedidos antes do desembarque. O bombardeio naval também deixou a desejar e a maioria dos canhões alemães estava ilesa. No entanto, os comandantes dos contratorpedeiros de apoio arriscaram tudo e aproximaram das praias as embarcações para dar o máximo possível de cobertura.

Os defensores de Omaha eram os homens experientes da 352ª Divisão, recentemente retornados da frente oriental. E os tanques anfíbios Aliados foram liberados cedo demais, muitos afundaram, afogando a guarnição.

Com a maré baixa, os soldados tinham de percorrer várias centenas de metros até encontrar abrigo, e as novas ondas de homens precisaram passar por cima dos cadáveres de camaradas caídos antes de enfrentar a matança. Muitas foram as vítimas do fogo das metralhadoras assim que se abriram as portas da lancha de desembarque.

Logo a maré subiu, afogando os feridos e empurrando os homens praia acima, na direção da linha de fogo. As tropas e máquinas de apoio foram mantidas à distância pelas defesas locais. As unidades dividiram-se, as comunicações por rádio eram inexistentes e as rotas de escape estavam atulhadas de destroços. O banho de sangue continuou durante horas, até que o avanço sobre a região alta da praia começou ao meio-dia. Só no período da tarde os soldados americanos de Omaha conseguiram silenciar os canhões alemães.

Até hoje não se sabe com exatidão o total de baixas de Omaha, mas, acredita-se que cerca de 2.500 homens morreram antes do fim do Dia D. Talvez o triplo tenha se ferido. O V Corpo americano suportou sozinho duas mil baixas. Desde então, o desembarque passou a ser chamado de *Bloody Omaha* – "Omaha sangrenta".

No final do Dia D, cerca de 155 mil soldados Aliados estavam em terra, mas poucos alvos especificados pelos planejadores militares tinham sido atingidos. No entanto, as baixas foram muito menores do que alguns temiam, e o controle da Alemanha na Europa ocupada rompera-se. Ainda assim, Hitler ficou exultante e disse a seus generais que agora os Aliados estavam ao alcance da Wehrmacht, onde poderiam ser destruídos.

Batalha de Villers-Bocage

Embora os Aliados estabelecessem uma cabeça de ponte na Normandia, três semanas passaram-se até que soldados dos EUA libertassem o porto de Cherbourg, e só em 18 de junho soldados britânicos e canadenses capturaram Caen, a apenas 12 km da costa, prevista para cair no primeiro dia.

Alguns homens entrincheiraram-se quando deveriam ter avançado, e as informações relativas ao paradeiro dos soldados alemães eram escassas. A área era coberta de sebes muito antigas, com 1,8 m a 6 m de altura, plantadas sobre diques de terra: o chamado *bocage*. Isso dava aos defensores alemães posições de tiro camufladas, e os tanques Aliados tornavam-se inúteis. No entanto, os soldados Aliados podiam pedir apoio aéreo. E os alemães sofriam escassez crônica de aviões.

As aeronaves impediam a movimentação de colunas alemãs durante o dia, e os comboios só podiam avançar sob a proteção da noite.

Soldados da 3ª Divisão canadense preparam-se para o ataque a Colombelle, na Normandia.

Novas ondas de soldados britânicos de infantaria saem das lanchas de desembarque para ocupar seu lugar na linha de frente.

No interior da França o bombardeio aliado e a sabotagem da resistência francesa desorganizaram ainda mais a rede de suprimentos alemã. Enquanto isso, soldados americanos vindos das praias da Normandia avançaram pela península de Cotentin e cercaram o porto de Cherbourg-Octeville.

Caen

Tanto os alemães quanto os Aliados tinham identificado Caen como o fulcro da Batalha da Normandia, e a 21ª Divisão Panzer correu em sua defesa. Uniu-se a ele a ultrapatriota 12ª Divisão SS Panzer *Hitlerjugend*. Quando se aventurou em Villers-Bocage, posto intermediário importante no caminho de Caen, a 7ª Divisão Blindada de Montgomery foi emboscada pelo 501º Batalhão SS de Tanques Pesados, unidade de elite equipada com o assustador tanque Tigre.

Rommel e Von Rundstedt, então comandante no Ocidente, convenceram Hitler a visitar a França para avaliar a situação. Em 17 de junho, nos arredores de Paris, Rommel explicou que, depois que tomassem Caen, os Aliados marcharam rumo àquela capital. E propôs reagrupar as divisões alemãs para atacar pelos flancos.

Hitler não se interessou. Ele acreditava que as bombas voadoras V1 – a primeira delas atingira Londres quatro dias antes – e os aviões a jato que a Alemanha desenvolvera lhe dariam supremacia aérea. Ele recusou a Rommel os movimentos fundamentais de suas tropas e alertou contra o "derrotismo", enquanto substituía Von Rundstedt pelo obediente marechal de campo Gunther von Kluge.

A LIBERTAÇÃO DA FRANÇA   107

29 de julho de 1944: infantes americanos avançam pelo terreno metralhado rumo às posições inimigas mantidas por soldados das SS.

Na verdade, a V1, apelidada de "varejeira" ou "zumbidora" na Grã-Bretanha, levou de volta a Londres o bombardeio estratégico. Cerca de oito mil V1 choveram sobre a Inglaterra até que os soldados Aliados ocuparam as bases de lançamento, aproximadamente três meses depois do Dia D. Elas foram seguidas pelos foguetes V2, de longo alcance, que levavam uma ogiva de uma tonelada. Estas só perderam quando bombas de 12 mil libras (5.400 kg), as chamadas *tallboys* ("meninos altos"), foram utilizadas pela RAF para destruir os *bunkers* de concreto reforçado onde se armazenavam os foguetes V.

O desenvolvimento do caça a jato Messerschmitt Me 262 foi atrapalhado pelo próprio Hitler, que exigiu que fosse caça e bombardeiro ao mesmo tempo. Isso retardou sua produção em massa até que a guerra estivesse praticamente perdida.

Portos Mulberry

Em 19 de junho, a pior tempestade em quarenta anos atingiu a Normandia e destruiu os improvisados portos Mulberry que tinham sido rebocados pelo canal para desembarcar suprimentos. O porto Mulberry da praia Omaha, onde foram entregues 14.500 toneladas de carga, ficou definitivamente avariado. E só em 29 de junho o porto Mulberry de Arromanches voltou a funcionar.

Quando finalmente tomaram Cherbourg, os americanos encontraram as instalações portuárias destruídas. No entanto, àquela época o oleoduto submarino Pluto [Pipe-Lines Under The Ocean] bombeava, por dia, oito mil toneladas de combustível da Grã-Bretanha.

Rompimento a leste

Em 26 de junho, Montgomery tentou avançar para o sul e depois para o leste e tomar o terreno elevado em torno de Caen. Após alguns combates dos mais acirrados até então, a 11ª Divisão Blindada chegou à Colina 112, mas foi forçada por três divisões Panzer a recuar.

Em 4 de julho, a 3ª Divisão canadense, com o apoio dos canhões das belonaves fundeadas ao largo e dos caças Typhoon lançadores de foguetes, tentou limpar os arredores a oeste de Caen, mas a tenaz 12ª Divisão Panzer SS aguentou firmemente durante os dois dias do ataque.

Em 7 de julho, cerca de 2.300 toneladas de bombas foram lançadas no setor norte da cidade por 457 aviões da RAF, que a reduziram a ruínas. Isso permitiu o avanço da infantaria, mas as crateras das bombas impediam o movimento de tanques e veículos blindados. Privados de

Soldados de uma divisão SS de elite, com seu Panzer Mk VI Tigre E. O tanque Tigre era o melhor da frente ocidental e representava uma séria ameaça para soldados britânicos e americanos.

A LIBERTAÇÃO DA FRANÇA 109

Tilly-sur-Seulles, 19 de junho: soldados de engenharia limpam campos minados depois de capturarem a cidade. O transportador de metralhadora Bren, destruído por minas, jaz em primeiro plano.

proteção, os soldados escolhiam o caminho entre os escombros fumegantes sob o fogo de franco-atiradores inimigos. Depois do combate casa a casa, os alemães recuaram para fortes posições defensivas do outro lado do rio Orne, ainda capazes de importunar as colunas aliadas caso tentassem avançar.

Três dias depois, a 43ª Divisão de Wessex retomou a Colina 112 e a manteve durante 48 horas, até ser derrotada por duas divisões Panzer; foram duas mil baixas só na Divisão de Wessex. A colina trocou de mãos várias vezes. Rommel dissera que quem ocupasse a Colina 112 controlaria a Normandia.

A Operação Goodwood começou em 18 de julho, com um maciço ataque aéreo. Depois, soldados e tanques finalmente conseguiram limpar as ruínas de Caen. Em seguida eles avançaram aproximadamente 5 km rumo a Falaise, onde foram detidos por canhões anticarro alemães, posicionados na serra de Bourguebus. A operação foi finalmente cancelada em 20 de julho. Nessa altura, as baixas chegavam a quatro mil homens e quinhentos tanques, mais de um terço do total que os britânicos tinham na Normandia na época.

Em 17 de julho, Rommel feriu-se quando seu carro foi metralhado por aviões Aliados. De volta à Alemanha para convalescer, ele foi envolvido no atentado a bomba contra Hitler, de 20 de julho, e forçado a se matar.

O Primeiro Exército canadense, comandado pelo general Henry Crerar, entrou na esfera operacional de Montgomery em 23 de julho, e o general George S. Patton pôs seu Terceiro Exército americano em ação em 1º de agosto. Como Rommel temia, assim que os exércitos britânico, americano e canadense obtiveram uma base sólida no continente ficou incrivelmentre difícil expulsá-los.

A brecha de Falaise

Com Montgomery avançando devagar a leste, Bradley, que agora comandava o 12º Grupo de Exércitos americano, mandou Patton e seu Terceiro Exército em uma longa curva ao sul e depois a leste para cercar os alemães. Hitler só viu o perigo tarde demais. Ele ordenara a von Kluge que tirasse da frente britânica quatro divisões blindadas para atacar os americanos, mas Kluge só conseguiu desengajá-las em 7 de agosto. O Führer planejou um contra-ataque no gargalo de Avranches, para fechar a brecha que havia ali e cortar as linhas de suprimento de Patton. Mas, ele estava a 1.300 km de distância, em seu quartel-general na Prússia Oriental. Seus comandantes na Normandia foram contrários ao ataque. Eles sabiam que a batalha ali estava perdida e que deveriam fazer uma retirada ordeira pelo rio Sena.

> *Rommel feriu-se quando seu carro foi metralhado por aviões Aliados. Ao voltar à Alemanha para convalescer, foi envolvido no atentado a bomba contra Hitler, de 20 de julho, e forçado a se matar.*

Em fuga

Hitler mandou para o combate quatro divisões descansadas do Décimo Quinto Exército, saídas do Passo de Calais. Mas, os bombardeiros Aliados impediram a retirada alemã ao atingir as pontes que restavam ao longo do Sena. Enquanto isso, Patton pegou velocidade nas estradas abertas do noroeste da França e tomou Le Mans em 8 de agosto. Ao norte, a caminho de Avranches, cinco divisões Panzer e duas de infantaria deram com uma única divisão americana em Mortain, que conseguiu segurá-las até que outras unidades aliadas chegassem para ajudar. Poderosas formações americanas contra-atacaram em Vire, enquanto os britânicos empurraram Conde e Patton para o norte, fechando a armadilha. Agora os alemães estavam presos em um pequeno bolsão entre Mortain e Falaise, onde as forças aéreas aliadas os bombardeavam e metralhavam incansavelmente.

Em 14 de agosto, a única saída era pela brecha de 30 km entre os canadenses em

Hitler, abalado, mostra ao visitante Mussolini seu *bunker* devastado no quartel-general da Toca do Lobo, em Rastenburg, na Prússia.

Falaise e o Terceiro Exército de Patton. Este queria seguir para Falaise e fechar a brecha, mas com a pressa seu exército perdera a coesão, e Bradley ordenou-lhe que parasse. Nessa altura, as unidades alemãs estavam sendo destruídas pela Resistência Francesa ou rendiam-se inteiras às forças aliadas. Kluge perdeu-se na confusão. Pouco depois de reaparecer, foi demitido do comando e se matou. Em 17 de agosto, a brecha de Falaise reduzira--se a 18 km, e as forças alemãs corriam

"Inquestionavelmente, o campo de Falaise foi um dos maiores campos de matança de todas as áreas da guerra. Caminhos, estradas e campos estavam tão atulhados de equipamento destruído e homens e animais mortos que passar pela área era dificílimo. 48 horas depois de fechada a brecha, fui levado a pé e encontrei uma cena que só poderia ser descrita por Dante. Era literalmente possível andar centenas de metros de uma vez pisando apenas em carne morta e apodrecida."[1]

> "O campo de Batalha de Falaise foi um dos maiores campos de matança de todas as áreas da guerra [...] fui levado a pé e encontrei uma cena que só poderia ser descrita por Dante."

Cerca de dez mil alemães foram mortos em seis dias no bolsão de Falaise, e fizeram-se cinquenta mil prisioneiros. Dos outros 20 a 50 mil que escaparam, muitos foram mortos antes de chegar ao Sena. Outros milhares que foram interceptados em diversos lugares entregaram-se. Duas Divisões Panzer e oito divisões de infantaria foram capturadas quase completas. No total, as baixas alemãs na Normandia chegaram a quatrocentos mil homens, metade dos quais capturados. Já do lado dos Aliados foram de 209.672 homens, dos quais 36.976 mortos. Os alemães também perderam 1.300 tanques, 1.500 canhões e vinte mil veículos.

para leste através dela. Um dia depois, ela foi espremida para dez quilômetros, e os ataques aéreos eram tão implacáveis que qualquer tentativa de passar resultava em morte quase certa. A brecha foi fechada em 20 de agosto.

Mais tarde, Eisenhower disse sobre a batalha:

[1] EISENHOWER, Dwight D. *Crusade in Europe*. New York: Doubleday, 1948.

As forças aliadas também tinham desembarcado na Riviera francesa, na chamada "campanha do champanhe". Os invasores foram recebidos na praia por um francês que levava uma bandeja com taças e uma garrafa do espumante. "Bem-vindos, vocês estão um pouco atrasados", repreendeu gentilmente o portador da champanhe. Então, os soldados Aliados começaram a limpeza da França de Vichy. O que restava do exército alemão na Europa ocidental correu diretamente para a fronteira alemã.

A libertação de Paris

Em meados de agosto, os Aliados estavam tão perto de Paris que a libertação aconteceria, sem dúvida, em questão de semanas. Na verdade, os parisienses decidiram que não podiam esperar mais. Em 19 de agosto, ao ouvir o estrondo dos canhões Aliados nos limites da cidade, a Resistência iniciou um levante. Com os Aliados nos portões da cidade, só poderia haver um resultado.

O comandante alemão, general Dietrich von Choltitz, recebeu de Hitler ordens de incendiar Paris. Ela teria de ser reduzida a uma pilha de escombros, como Varsóvia. Choltitz desobedeceu e poupou a cidade.

Os Aliados demoraram-se para libertar Paris por medo de baixas civis. A decisão então foi revertida. Uma divisão blindada avançou e chegou aos arredores da cidade em 24 de agosto. Naquela noite, o general De Gaulle caminhou pelos Champs Elysées, sem ligar para a ameaça de franco-atiradores alemães. No dia seguinte, os sinos das igrejas de Paris soaram para marcar o fim da ocupação alemã.

O estado de espírito era eufórico, mas a multidão voltou-se contra os colaboradores. Uma investigação descobriu que 4.167 execuções sumárias de franceses por franceses ocorreram depois do Dia D.

Dois dias antes da libertação de Paris, a Romênia trocou de lado. O rei Miguel I aceitou a exigência de Moscou de rendição incondicional, mas permitiu que os soldados alemães partissem sem serem importunados. A Bulgária já se retirara do Eixo. Mesmo assim, Hitler ainda se recusava a pedir a paz.

Estimulados pelo som da artilharia aliada perto da cidade, os cidadãos de Paris pegam em armas contra o exército alemão de ocupação.

Capítulo 8

A MARCHA SOBRE A ALEMANHA

Depois da derrota em Stalingrado, os alemães começaram a recuar na Rússia. Mas, no verão de 1943 eles tentaram tomar a inciativa mais uma vez. Um imenso saliente com 240 km de largura desenvolvera-se em torno de Kursk, com as linhas soviéticas avançando 160 km a oeste sobre as linhas alemãs. Em 15 de abril de 1943, Hitler ordenou a Operação Zitadelle – "Cidadela" – para "cercar as forças inimigas situadas na região de Kursk e aniquilá-las com ataques concêntricos". Guderian se opôs, temendo perder mais tanques do que seria possível substituir.

O general Walther Model, comandante do Nono Exército alemão na frente oriental, também foi contrário à operação. Ele mostrou fotografias de reconhecimento aéreo que apresentavam que os russos tinham preparado fortes defesas ali, prevendo um movimento alemão em pinças, e retirado do saliente quase todas as forças móveis. Mas, Hitler ordenou que o ataque acontecesse "por razões políticas".

Como os novos tanques Panther só ficaram prontos no final de maio, a operação foi adiada para 15 de junho. Nessa época, a Wehrmacht reunira uma força de ataque de cinquenta divisões – novecentos mil homens. Eles seriam encabeçados por 17 divisões blindadas, com 2.700 tanques e canhões de assalto móveis.

Defesas soviéticas

Os soviéticos sabiam o que os alemães planejavam e tiveram muito tempo para organizar defesas com 25 km e 40 km de profundidade no saliente. Unidades de engenharia do Exército Vermelho puseram quatrocentos mil minas em campos que canalizariam as unidades blindadas alemãs para ninhos de canhões anticarro. Os soviéticos tinham seis mil canhões an-

Em Kursk, tanques e soldados russos avançam sobre a Divisão SS *Totenkopf*, 1943.

ticarro, mais vinte mil peças de artilharia, obuseiros e morteiros e 920 lançadores de foguetes. Tinham vantagem numérica sobre os alemães no campo de batalha, com 75 divisões e 3.600 tanques. No total, mais de dois milhões de homens estavam envolvidos, ao lado de seis mil tanques e quatro mil aeronaves.

A ofensiva alemã foi novamente retardada até 5 de julho, dando aos soviéticos mais tempo para preparar as defesas. As informações sobre as intenções do inimigo permitiram-lhes bombardear os pontos de reunião dos alemães vinte minutos antes da hora zero. Os Panzers alemães foram usados em *Blitzkrieg*, mas na noite do primeiro dia eles só haviam avançado 10 km pelas defesas soviéticas.

A investida ao norte da pinça foi detida no segundo dia a apenas 19 km da linha de partida. O braço do sul conseguiu penetrar 32 km. Com oito dias de combate, os alemães tinham feito 24 mil prisioneiros e destruído ou capturado cem tanques e 108 canhões anticarro. Mesmo assim, a brecha entre as duas partes da pinça ainda era de 120 km.

Em 12 de julho, houve um combate acirrado perto da aldeia de Prokhorovka. O Exército Vermelho aguentou e esse foi o ponto de virada. Os soviéticos anunciaram que a primeira fase da batalha terminara e lançaram uma ofensiva contra o saliente alemão de Orel, logo ao norte.

Nesse momento Hitler enfrentava um dilema. Ele já perdera vinte mil homens, sua ofensiva empacara e agora ele teria de retirar parte das forças para defender Orel. Enquanto isso, forças britânicas e americanas desembarcaram em 10 de julho na Sicília, abrindo uma segunda frente. O líder nazista teria de mandar soldados para defender o sul da Itália. Em consequência, cancelou a Zitadelle.

Exército Vermelho em vantagem

Então os soviéticos tomaram a iniciativa. Em 15 de julho, começaram um contra-ataque com uma barragem de artilharia que, segundo se gabaram, era "dez vezes mais pesada que Verdun", a famosa barragem de artilharia da Primeira Guerra Mundial. A meta era atingir os campos minados alemães e explodir o máximo possível de minas. No céu, houve imensas batalhas aéreas, com graves baixas de ambos os lados. Atrás das linhas alemãs, os guerrilheiros começaram a explodir as ferrovias para impedir que suprimentos e reforços chegassem à linha de frente. Os alemães foram forçados a abandonar o saliente de Orel, e na retirada queimaram as plantações.

> *Ao sul, a situação não era melhor. A desvantagem numérica dos alemães era de sete para um. Hitler recusou-se a permitir que os soldados recuassem para novas posições defensivas.*

Ao sul, a situação não era melhor. A desvantagem numérica dos alemães era de sete para um. E os soviéticos não paravam de trazer reforços. Hitler recusou-se a permitir que os soldados recuassem para novas posições defensivas. E, em 30 de julho, um grupo Panzer teve um sucesso limitado e forçou o Exército Vermelho a recuar para o outro lado do rio Mius. Mas, em 3 de agosto os soviéticos atacaram a brecha entre os exércitos alemães ao norte e ao sul de Kursk e mandaram pela abertura uma imensa força mecanizada. Em 4 de agosto, Orel teve de ser evacuada. No mesmo dia, caiu Belgorod, ao sul.

Os grupos Panzer alemães percorriam o campo de batalha, travando ações esporádicas. Mas nada poderia deter o ataque soviético. Enquanto os alemães perdiam homens a medida que recuavam, o Exército Vermelho ganhava recrutas a cada quilômetro que ocupava. Em quatro dias, tinham avançado 110 km, e Kharkov caiu em mãos russas em 23 de agosto. O exército alemão continuou lutando durante mais dois anos, mas, depois de Kursk, nada poderiam fazer para impedir o Exército Vermelho de avançar até Berlim.

Recuo

A Batalha de Kursk marcou o fim da capacidade ofensiva alemã na frente oriental. Perdeu-se um número imenso de homens, juntamente com seu equipamento. Agora, duvidava-se que houvesse Panzers suficientes para manter a frente oriental, sem falar do combate aos britânicos e

Um esquadrão de tanques russos T-34 abre fogo em Kursk. O T-34 tinha um projeto revolucionário, com blindagem inclinada, silhueta baixa e canhão pesado. O marechal de campo Von Kleist o chamou de "melhor tanque da guerra".

18 de outubro de 1944: civis alemães embarcam em um caminhão americano em Aachen rumo a um campo belga de refugiados para escapar da batalha na cidade entre as forças alemãs e americanas.

americanos caso desembarcassem, como previsto, no ocidente.

Os alemães não tinham alternativa senão recuar. Hitler continuou exortando seus comandantes a contra-atacar e ordenava regularmente que mantivessem suas posições a qualquer custo, resultando em baixas enormes. Enquanto os alemães eram forçados a recuar, os soviéticos ficavam mais fortes. Nos preparativos para a ofensiva do verão de 1944, Stalin tinha à disposição quinhentas divisões de infantaria e quarenta de artilharia, além de trezentas brigadas blindadas ou mecanizadas com nove mil tanques e 16.600 aeronaves.

Os comandantes alemães cansaram-se da tática de Hitler, que desperdiçava vidas desnecessariamente. Houve uma conspiração para assassiná-lo. Em 20 de julho de 1944, o tenente-coronel Claus von Staffenberg deixou uma bomba em uma pasta na sala de reuniões da Toca do Lobo, quartel-general de campanha de Hitler em Rastenberg, na Prússia Oriental. A bomba explodiu, mas a vida de Hitler foi salva pelo pé maciço da mesa de carvalho. Os conspiradores foram fuzilados, forçados a se matar ou torturados até a morte.

Nada poderia deter o avanço soviético. No entanto, em 31 de julho, quando chegaram a Praga, um subúrbio junto ao Vístula diante de Varsóvia, os russos pararam. Então os soviéticos estimularam a resistência da cidade – o Exército da Pátria, com efetivo de aproximadamente cinquenta mil – a revoltar-se. O Exército da Pátria polonês atacou a guarnição alemã em 1º de agosto e, em três dias, ocupou quase toda a cidade. Mas, os alemães mandaram reforços. Nos 63 dias seguintes, Varsóvia foi massacrada por bombas e granadas.

O Exército Vermelho nada fez, e Stalin recusou aos Aliados ocidentais permissão para usar campos de pouso soviéticos para mandar suprimentos aos poloneses sitiados. Sem comida nem munição, o Exército da Pátria foi forçado a se render em 2 de outubro. A população de Varsóvia foi deportada, e a cidade destruída. Quando os soviéticos finalmente expulsaram os alemães da Polônia, estava aberto o caminho para que instalassem um regime pró-soviético, que permaneceu no poder até 1989.

Os Países Baixos

Depois de perder a batalha pela França, a Alemanha agora tinha de defender os territórios ocupados nos Países Baixos e a própria Alemanha. A primeira cidade alemã a cair foi Aachen, embora sua capitulação tenha sido longa e arrastada. Os soldados do Primeiro Exército dos EUA aproximaram-se da cidade em 12 de setembro. No entanto, os defensores ofereceram firme combate, muitas vezes inspirados pela visão de um cadáver pendurado em uma árvore – punição para os considerados insuficientemente leais a Hitler. Só em 16 de outubro a cidade foi cercada por soldados americanos, e passaram-se mais cinco dias até sua rendição. Soldados britânicos e canadenses também enfrentaram baixas inesperadas enquanto avançavam pelo canal, onde combatentes alemães tinham recebido ordens de lutar até o último homem para deixar os Aliados sem combustível.

No entanto, o comandante britânico, general de divisão Brian Horrocks, avançara pela Bélgica. Inspirado por isso, Montgomery planejou uma operação para assegurar a travessia do Reno na cidade holandesa de Arnhem, juntamente com mais quatro pontes fluviais importantíssimas. Essa operação, que começou relativamente pequena, transformou-se no maior ataque aerotransportado da história: a Operação Market Garden.

Em 17 de setembro, paraquedistas da 101ª Divisão Aerotransportada dos Estados Unidos ocuparam rapidamente as pontes sobre os canais Wilhelmina e Zuiter Willemsvaart. A 82ª Aerotransportada capturou uma ponte sobre o Mosa, mas não conseguiu assegurar a de Nijmegen diante de um valente contra-ataque alemão.

Uma ponte longe demais

Em Arnhem, os remanescentes de duas divisões Panzer SS – muito bem treinadas em técnicas para repelir invasões aerotransportadas – estavam, por acaso, em reorganização na área. Os paraquedistas britânicos foram lançados a até 13 km de distância para evitar o fogo antiaéreo, e perderam o elemento surpresa. Além disso, uma cópia dos planos de ataque foi capturada. Ainda assim, os paraquedistas ocuparam a extremidade norte de uma ponte em Arnhem e a mantiveram por seis dias.

O XXX Corpo britânico, que deveria socorrer os paraquedistas, foi detido pela feroz oposição alemã. Os paraquedistas poloneses que chegaram cinco dias depois do ataque inicial também foram mantidos à distância dos britânicos de Arnhem por decididos combatentes alemães.

O tenente Ted Shaw, veterano de Dunquerque, e a Companhia C foram lançados em Arnhem para apoiar o 3º Batalhão com canhões anticarro. Ele viu a Brigada de Paraquedistas poloneses chegar em planadores e cair sob fogo pesado, que matou muitos antes de tocarem o chão. Mandaram-no tomar um canhão antiaéreo alemão que causava o caos entre os soldados aerotransportados, embora só tivesse granadas para perfurar blindagem e não os explosivos de alto poder necessários para o serviço. Ele silenciou o canhão alemão, mas a um preço.

"Depois, sofremos baixas terríveis porque os alemães sabiam onde estávamos", disse ele, e seus quatro canhões perderam-se.

Ele se viu no comando de "feridos ambulantes" em Oosterbeek depois que todos os soldados britânicos ilesos sumiram. Então, pendurou um lençol branco no porão onde estavam os feridos para indicar sua rendição e tentou escapar. Vadeava um riacho quando foi capturado por um metralhador das SS.

"Quando me revistou, ele encontrou Donald, um boneco de paraquedista feito com um cobertor velho do exército, com boina e medalhas", disse Shaw.

"– Talismã?" – perguntou o captor.

Como Shaw respondeu que sim, ele o devolveu.

"Eu também tinha noventa preservativos, um pacote de três para cada um dos trinta homens de minha unidade", disse Shaw. "Esses ele não me devolveu."

O inimigo nem sempre era tão amistoso.

> *O tenente Ted Shaw, veterano de Dunquerque, e a Companhia C foram lançados em Arnhem para apoiar o 3º Batalhão [...] Ele viu a Brigada de Paraquedistas poloneses chegar em planadores.*

"Tomaram a carteira de um dos rapazes e rasgaram a foto de sua esposa. Quando ele se mexeu para protestar, foi fuzilado ali mesmo", recordou um dos soldados da 1ª Brigada Paraquedista. "No grupo havia um adolescente da resistência que implorara para vestir uma farda do exército, mas ali estava ele, usando com orgulho a braçadeira alaranjada. O alemão foi até ele, disse uma palavra – 'terrorista' – e deu um tiro na cabeça desse bravo rapaz. Seu sangue respingou em mim."

Homens do 1º Batalhão Paraquedista abrigam-se no buraco de uma granada durante a Batalha de Arnhem, em setembro de 1944.

Em nove dias, todos os Aliados em Arnhem foram forçados a recuar, deixando para trás cerca de 7.800 homens mortos, feridos ou aprisionados. Cerca de 450 holandeses também pereceram.

Os holandeses de uma região próxima foram expulsos e seus pertences, saqueados. Os alemães pretendiam construir uma linha defensiva ao longo da margem norte do rio, para o caso de futuros ataques. Em geral, a população civil sob ocupação no norte da Holanda foi mantida sob escassez de alimentos. No "Inverno da Fome", estima-se que 18 mil pessoas morreram antes que a libertação ocorresse em abril de 1945.

Apesar do fracasso da Operação Market Garden, os Aliados continuaram a avançar lentamente na Bélgica e, em 26 de novembro, ocuparam o porto de águas profundas de Antuérpia. A cidade então caiu sob o ataque de bombas V1 e V2.

Enquanto isso, soldados americanos chegavam à Linha Siegfried, que se estendia por 480 km, de Basle a Cleves. Mas, a escassez de combustível interrompeu o avanço e deu aos alemães um tempo valioso para se reagruparem.

A Batalha das Ardenas

Hitler ordenou um contra-ataque no meio do inverno através da floresta das Ardenas para dividir os Exércitos Aliados ao norte e ao sul. O homem que recebeu a tarefa foi o general Sepp Dietrich, das SS.

"Eu só precisava atravessar o Mosa, capturar Bruxelas e depois avançar e tomar Antuérpia", diria Dietrich depois. "Tudo isso através das Ardenas, onde a neve chegava à cintura e não havia espaço para quatro tanques lado a lado, muito menos para seis divisões blindadas."

Trinta divisões com meio milhão de soldados reuniram-se, apoiadas por cerca de mil aeronaves, e prepararam-se para romper as linhas americanas e dividir os Exércitos Aliados.

Os comandantes Aliados não viram a ofensiva chegar. Os voos de reconhecimento estavam cancelados devido ao mau tempo, e mantinha-se estrito silêncio no rádio.

A princípio, o contra-ataque alemão pareceu pouco mais que um bolsão de resistência isolado. No entanto, Eisenhower reforçou rapidamente a delgada linha de frente americana, interrompendo outras atividades aliadas na região e desviando mais soldados para aquele saliente (*bulge*) que deu à batalha seu nome em inglês.

Dois regimentos da 106ª Divisão do Primeiro Exército americano foram forçados a se render. Entretanto, os soldados da 101ª Aerotransportada que estavam em Bastogne aguentaram. Quando os alemães que os cercavam exigiram a rendição, o

A tentativa de rompimento por Exércitos Panzer reunidos na área das Ardenas, na França, foi a última aposta desesperada de Hitler para evitar a derrota pelos Aliados – e fracassou.

comandante, brigadeiro-general Anthony McAuliffe, respondeu com uma palavra: "*Nuts!*" ("Malucos!"). Bastogne tornou-se a rocha que dividiu o avanço alemão.

O massacre de Malmédy

Em 17 de dezembro, homens da Bateria B do 285º Batalhão de Observação de Artilharia de Campanha foram mortos a sangue frio por um Grupo Panzer da

Soldados americanos apressados cavam trincheiras em terreno coberto de neve quando começa o fogo da artilharia inimiga perto de Berismenil, na Bélgica. Campanha das Ardenas, dezembro de 1944.

1ª Divisão SS *Leibstandarte Adolf Hitler*, unidade de elite comandada pelo coronel Joachim Peiper, perto de Malmédy, na Bélgica. Eles já tinham se rendido e entregado as armas. As metralhadoras foram viradas para os americanos desarmados, e os sobreviventes receberam o tiro de misericórdia de soldados alemães que caminhavam entre os corpos.

Mais tarde, o segundo-tenente Virgil Lary atestou: "Depois que as primeiras metralhadoras dispararam, homens caíram mortos e feridos à minha volta [...] Um homem passou por mim enquanto eu me fingia de morto, e ouvi uma pistola atirar ali perto. Então, ouvi o som de um novo carregador sendo inserido em uma pistola, e o indivíduo se afastou de mim. Ouvi alguém dizer a outro alguém:

'– Ainda não mataram você?'

Ele respondeu:

'– Não, ainda não... mas se os canalhas vão me matar, gostaria que voltassem logo e acabassem com isso.'

Uma bala cortara meus dedos do pé, e eu estava com muita dor, gelado da cabeça aos pés.

Aqui e ali eu ouvia mais vozes: 'Eles já foram?' 'O que faremos?' 'É seguro?' 'Vamos fugir?'

De repente, uns quinze de nós decidimos tentar fugir. Tínhamos nos deslocado alguns metros quando fuzis estalaram e depois uma metralhadora. Consegui escalar uma cerca, chegar a um bosque e correr por uma estrada de terra até um abrigo dilapidado. Havia feixes de gravetos lá dentro, e os puxei para cima de mim. Esperei."

Era claro que os soldados da *Leibstandarte Adolf Hitler* tinham recebido ordens para se destacarem, tanto em combate quanto na matança de prisioneiros de guerra. Depois da guerra, Dietrich, Peiper e mais 42 foram julgados pelo massacre e condenados à morte. No entanto, as penas foram comutadas por prisão perpétua, e Peiper e Dietrich foram libertados em 1958.

Hoje, há um monumento com o nome dos 84 mortos na encruzilhada de Malmédy.

Combate ao clima

Na Batalha das Ardenas, a causa aliada foi atrapalhada pelo mau tempo, que mantinha os caças em terra. Só quando o céu clareou, em 22 de dezembro, o equilíbrio da batalha mudou. No dia seguinte, os aviões Aliados atacaram 31 alvos, inibiram o movimento dos Panzers e desorganizaram as linhas de suprimento.

Em 27 de dezembro, um último esforço desesperado de privar os Aliados de superioridade aérea, no qual a Luftwaffe bombardeou 27 campos de pouso, frustrou-se. Embora 156 aeronaves aliadas fossem destruídas, trezentos aviões da Luftwaffe também foram derrubados.

O avanço foi interrompido pela escassez de combustível e, em meados de janeiro, a batalha acabou. O último esforço desesperado de Hitler nas Ardenas fracassara. Antes disso, em 18 de outubro de 1944, o Führer criara uma nova força combatente, a *Volkssturm*. Estava aberta a todos os homens disponíveis entre 16 e 60 anos, embora mais tarde meninos de apenas 10 anos fossem instruídos a se armar. Hitler deixou claro que lutar era dever de todos – até a morte, se necessário.

A campanha de bombardeio

Enquanto dois grandes exércitos marchavam sobre a Alemanha a leste e a oeste, o país foi arrasado por uma campanha

Corpos de prisioneiros de guerra americanos jazem onde caíram, nos campos nevados perto de Malmédy. O massacre foi perpetrado pela Divisão *Leibstandarte Adolf Hitler*, da elite das SS.

A MARCHA SOBRE A ALEMANHA   125

de bombardeio. O tenente-brigadeiro *Sir* Arthur Harris, comandante-chefe do Comando de Bombardeiros britânico, acreditava que arrasar as cidades alemãs levaria ao colapso a vontade nacional de guerrear. Enquanto isso, seu colega americano, general Carl "Tooey" Spaatz, achava que destruir as instalações petrolíferas era o segredo para conquistar a vitória. Ambos puseram seus planos em prática.

O bombardeio em grande escala da Alemanha começou em setembro de 1944, quando Eisenhower abriu mão da prioridade sobre todas as aeronaves disponíveis para o apoio aéreo tático durante a campanha da Normandia. Nos sete meses seguintes, mais de oitocentas mil toneladas de bombas caíram sobre a Alemanha, e ataques com mil bombardeiros tornaram-se comuns.

Um dos principais alvos dos Aliados foi a fábrica Leuna de combustível químico, a 160 km ao sul de Berlim. Ela foi bombardeada em 22 ocasiões, o que reduziu sua média de produção a apenas 9% da capacidade. Os temores de que a máquina de guerra alemã fosse levada à paralisação completa por falta de combustível aumentavam. Depósitos ferroviários, pátios de transportes, fábricas e distritos industriais foram atacados incessantemente.

O general Adolf Galland, comandante da Luftwaffe, planejou uma operação final contra os Aliados para reduzir sua capacidade de bombardear depósitos de combustível. Ele sabia que custaria caro à Luftwaffe, mas sentia que as perdas valeriam a pena se o poderio aéreo inimigo também fosse prejudicado.

Um dos últimos e preciosos Panzers remanescentes, destruído pela artilharia americana durante o contra-ataque alemão nas Ardenas.

No dia de Ano Novo de 1945, em conjunto com a ofensiva das Ardenas de Hitler, cerca de novecentos Messerschmitt e Focke-Wulf atacaram bases aéreas aliadas no continente e destruíram 206 aeronaves. Mas, a recuperação aliada foi rápida. Enquanto perseguiam a Luftwaffe de volta à Alemanha, 253 pilotos alemães foram mortos, feridos ou aprisionados. Foi um golpe do qual a Luftwaffe não se recuperaria. Agora Harris e Spaatz poderiam continuar sem oposição.

O bombardeio de Dresden

Um ataque de bombardeio a Dresden ocorreu em 13 e 14 de fevereiro de 1945. Os alemães estavam convencidos que a "Florença do Elba", lotada de refugiados, nunca seria bombardeada. Não havia abrigos reforçados, a não ser os construídos pelos próprios cidadãos. Os canhões que poderiam defender a cidade tinham sido transferidos para o Ruhr.

A primeira onda de 234 bombardeiros Lancaster da RAF atacou a cidade durante 17 minutos, sob a cobertura da escuridão. Três horas depois, chegaram 538 aviões da RAF que atingiram o perímetro da área já destruída. À luz do dia, vieram as Fortalezas Voadoras americanas, nominalmente visando às estações ferroviárias e pátios de manobra da cidade. Os resultados foram incêndios incontroláveis, do tipo já visto em Hamburgo. Em essência, os numerosos incêndios combinaram-se para criar uma imensa bola de chamas, de modo que a cidade virou um inferno.

Lothar Metzger tinha 9 anos quando o ataque aconteceu e buscou se abrigar das bombas com a mãe e as quatro irmãs.

"Os restos destruídos de nossa casa ardiam" – disse. "Nas ruas havia veículos em chamas e carroças com refugiados, pessoas, cavalos, todos gritando e berrando com medo da morte [...] Vimos coisas terríveis: adultos queimados e encolhidos do tamanho de crianças pequenas, pedaços de braços e pernas, gente morta, famílias inteiras que morreram queimadas, pessoas em chamas correndo de um lado para o outro, coches carbonizados cheios de refugiados civis, soldados e pessoal de resgate mortos, muitos gritando e procurando filhos e famílias e fogo por toda parte, por toda parte fogo, e o tempo todo o vento ardente do incêndio jogava as pessoas de volta nas casas em chamas de onde tentavam escapar."

Finalmente, as tentativas de identificar e sepultar os mortos mostraram-se inúteis e organizaram-se cremações em massa. Ninguém sabe o número certo, mas é provável que pelo menos 25 mil pessoas tenham morrido.

O bombardeio aliado da Alemanha só desacelerou a partir de abril, quando a vitória ficou assegurada. Não havia mais mérito em arrasar centros industriais e redes de comunicação que seriam necessários para as tropas de ocupação.

Milagrosamente ilesas, estátuas olham com descrença a destruição da cidade de Dresden depois do bombardeio aliado.

Capítulo 9
DENTRO DO REICH

Soldados americanos atravessam o rio Reno: integrantes da 9ª Divisão Blindada do Primeiro Exército americano avançam sobre a ponte de Remagen, na Alemanha, para estabelecer uma grande cabeça de ponte na margem leste.

Em 7 de março, um destacamento de americanos da 9ª Divisão Blindada, parte do Primeiro Exército, saiu do bosque Eifel, na margem oeste do Reno, e encontrou intacta a ponte ferroviária de Ludendorf, perto de Remagen. Por ordem de Hitler, todas as outras pontes ao longo do rio tinham sido destruídas pelos alemães em retirada.

O tenente Karl Timmermann levou seus homens na direção da ponte e foi recebido pelo rugido dos explosivos. Mas, de algum modo, a ponte continuou de pé. Em 24 horas, cerca de oito mil soldados, juntamente com tanques e canhões autopropulsados, a usaram.

Em 17 de março, depois da travessia de cinco divisões, a ponte desmoronou, matando 26 pessoas. Mas, nessa altura, os americanos tinham construído vários pontilhões. Os sete oficiais da Wehrmacht que tinham deixado a ponte inteira foram executados, e lançaram-se foguetes V2 contra a cabeça de ponte. Hitler então instituiu dentro da Alemanha uma política de terra arrasada, por acreditar que a nação que não conseguia lhe dar a vitória não merecia sobreviver.

Em 22 de março, as forças de Patton fizeram travessias anfíbias do Reno em Oppenheim, entre Mainz e Mannheim. No dia seguinte, Montgomery mandou dois mil aviões lançarem paraquedistas do outro lado do rio. Cinco dias após o estabelecimento das cabeças de ponte, os respectivos exércitos invadiram a Alemanha.

Dentro dos campos nazistas

Em 28 de março, Eisenhower conduziu seus homens rumo a Leipzig, deixando que os russos tomassem Berlim. Mas, sem sinal de rendição, os Aliados numericamente superiores chegaram à conclusão de que teriam de lutar em cada centímetro da Alemanha para assegurar a derrota de Hitler.

A libertação dos campos de concentração lançou nova luz sobre Hitler, seu exército e seu povo. O Dr. Robert Hartley Olver, que estava com a Força de Simulação R, foi um dos primeiros a entrar no campo de concentração de Bergen-Belsen depois da libertação dos prisioneiros; ele, imediatamente, pegou uma bolsa de primeiros socorros e partiu para ver se podia ajudar.

"Sentimos o fedor a mais de 1 km, e logo nos vimos participando da experiência mais horrível de nossas vidas" – disse ele. "Os altos portões de arame farpado estavam abertos, e logo ali vimos algumas dúzias de vítimas deitadas de bruços, comendo o capim e o mato que sobrevivera fora do campo: nossa primeira imagem daqueles pavorosos pijamas listrados cobrindo quase esqueletos. A rua principal e larga que cortava o campo estava coberta de mortos e moribundos. Caso se mexesse, o esqueleto ainda estava vivo. Entre eles havia homens e mulheres agachados, com uma diarreia incontrolável.

Uma das maiores cabanas de madeira que ladeavam a rua principal era o chamado hospital. Os mortos e moribundos estavam tão empilhados lá dentro que bloqueavam as janelas e emperravam a única porta. Para mim, o maior dos horrores era o fato de que a imensa maioria dos presos estava tão perto da morte que não apreciaram o fato de estarem sendo salvos. Para eles, uma farda era igual à outra.

Como aquela era a primeira manhã – a ajuda organizada apenas começava –, em uma área os guardas violentos e os carcereiros

Soldados da 6ª Divisão Blindada americana fogem do fogo de franco-atiradores durante a captura de Oberdola, na Alemanha.

A Fera de Belsen: Josef Kramer, comandante do campo de Bergen-Belsen, sob guarda britânica.

imundos com seus cintos e botinas estavam sendo obrigados, na ponta das baionetas, a recolher os mortos e levá-los para as covas coletivas. Mais tarde, soube que alguns foram empurrados para dentro das covas, para saírem por conta própria.

Logo depois do portão havia uma pilha imensa e arrumada, com mais ou menos 1,5 m de altura e outro tanto de largura, que se estendia por metros e metros, composta inteiramente de botas, sapatos e sandálias tirados das vítimas e aguardando transporte para usinas de reciclagem. A maioria das mulheres tinha a cabeça raspada, e descobri, muito depois, que todo o cabelo era tecido em calçados macios para as tripulações de submarinos.

A desculpa dada pelos poucos oficiais era que a fome se devia a nossas próprias forças que tinham destruído todos os meios de comunicação rodoviária e ferroviária. Eles não perceberam que tínhamos entrado em um grande centro de treinamento das SS, a menos de 1 km dali, cheio até explodir de mantimentos e suprimentos médicos de todo tipo, além de um grande hospital bem equipado, com toda a sua equipe de médicos e enfermeiras.

Minha lembrança mais pungente foi de ver duas menininhas, de quatro ou cinco anos, com vestidos esfarrapados que estavam bastante limpos. Os pais devem ter sacrificado tudo por elas, porque estavam razoavelmente nutridas. Essas duas andavam de mãos dadas pela rua principal, conversando entre si e passando com cuidado sobre membros e corpos, como se apenas passeassem por um campo pedregoso."

O fedor da morte

Estima-se que os britânicos tenham encontrado dez mil corpos insepultos, covas rasas contendo outros quarenta mil cadáveres e 38.500 moribundos. Desses, cerca de 28 mil morreram pouco depois, apesar do esforço da equipe médica.

Em Belsen e outros campos de concentração, moradores locais foram forçados a visitar e testemunhar a crueldade abjeta que fora cometida em seu nome. O pacifista Ron Tansley, que acompanhava a ambulância dos mórmons, foi encarregado de limpar o campo de concentração de Neuengamme, e descobriu que um padre local recrutara cem ajudantes entre os moradores da cidade.

"Eu lhe disse: 'Fico surpreso que o senhor, um homem de Deus, tenha permitido que acontecessem esses fatos no campo.' Ele arregaçou a manga, e havia um número de campo de concentração tatuado em seu braço. Ele falara contra aquilo e, alguns dias depois, ele mesmo estava dentro dos portões. Então ele se virou para mim e perguntou: 'O que você faria?' Pensei muito nisso, desde então."

Geralmente, os prisioneiros de guerra recebiam melhor tratamento. O tenente Shaw, capturado em Arnhem, descobriu que tinha mais a temer da RAF do que de seus captores. Foi levado da Holanda em caminhões de transporte de gado. Quando vinham os aviões da RAF, os guardas alemães mergulhavam para longe dos veículos e deixavam os prisioneiros à mercê do fogo aliado.

Em 20 de outubro, ele finalmente chegou ao Oflag 79, um campo de oficiais em Brunswick. Lá, foi um dos 2.430 presos de 15 países diferentes. Em um caderno ele registrou as rações diárias. O desjejum era um sucedâneo de café feito de bolotas de carvalho, e no almoço havia três batatas cozidas com água quente. À tarde tomava algo substituto do chá (sem leite), seguido por sopa de nabos, cevada ou algum outro ingrediente igualmente humilde. Em seis meses, ele perdeu 6,5 kg.

Ele não recordou nenhum tratamento cruel dos guardas, embora a execução

de cinquenta fugitivos do Stalag Luft III tivesse ocorrido havia apenas seis meses. Em 12 de abril de 1945, os prisioneiros do Oflag 79 acordaram e viram que os guardas tinham sumido e que havia tropas americanas libertadoras no portão.

O avanço aliado continuou importunado, mas, em geral, desimpedido. Em 1º de abril, o Grupo de Exércitos de Model foi cercado no Ruhr, e milhares foram aprisionados, enquanto Model se matava em um bosque perto de Duisburg. Ainda assim, a Wehrmacht continuou sua malfadada resistência.

Soldados russos avançam por uma rua polonesa na investida até o Elba, 1944.

Do Vístula a Berlim

Os soviéticos fizeram a primeira tentativa de invadir a Prússia Oriental em 16 de outubro de 1944. Quarenta divisões apoiadas por aviões e blindados cobriram uma frente de apenas 144 km. Eles enfrentavam as 15 divisões do Quarto Exército alemão, espalhadas em 354 km. Enquanto tentavam atravessar o rio Angerapp, os russos foram rechaçados, deixando indícios de atrocidades. Joseph Goebbels, ministro nazista da propaganda, fez um grande estardalhaço com isso. Em consequência, mais ou menos três meses depois, seis milhões de alemães fugiram diante da invasão russa, em temperaturas de –20 °C.

Durante a Batalha das Ardenas, Guderian recebeu ordens de estabilizar a frente oriental. Ele tirou da linha de frente todas as divisões Panzer e Panzergrenadier para formar uma reserva móvel. Mas, 12 divisões com efetivo reduzido não eram reserva adequada para uma linha de frente com 1.165 km de extensão. Assim, Guderian planejou criar uma linha de defesa grande e bem camuflada 20 km atrás da linha de frente.

Hitler recusou-se a aceitar a perda desses 20 km sem lutar e ordenou que a segunda linha fosse preparada apenas 3 km atrás da linha de frente. Quando veio o grande maremoto russo simplesmente inundou as linhas defensivas e as reservas. Hitler então afirmou que sempre preferira a distância de 20 km.

"– Quem foi o imbecil que deu ordens tão idiotas?" – perguntou.

Guderian ressaltou que fora ele mesmo que tomara a decisão. Hitler pediu que lhe trouxessem as minutas das reuniões de planejamento do outono. Mas parou de ler depois de algumas frases.

Hitler continuou a insistir que era o gênio militar que comandara a Wehrmacht durante cinco anos. Mas nada poderia deter os russos, e em 5 de dezembro eles chegaram aos arredores de Budapeste, e, então, na véspera de Natal tinham cercado a cidade.

Quando ficou claro que a ofensiva das Ardenas fracassara, Guderian implorou que o ataque fosse cancelado e as forças restantes mandadas para a frente oriental. Ressaltou que a produção das fábricas do Ruhr fora interrompida pelo bombardeio inimigo, e que se perdessem para os russos a área industrial da Alta Silésia não te-

riam mais capacidade de produzir armas. Mas seu pedido foi negado. Na verdade, Hitler ordenou o enfraquecimento ainda maior da frente polonesa quando ordenou que as reservas do general Reinhardt fossem para Budapeste romper o cerco.

Pouco alívio

Na véspera de Ano Novo, Guderian foi ao quartel-general de Hitler pedir reforços no leste, outra vez. Porém, três divisões da frente ocidental e uma da Itália, que estavam prontas para ser transportadas para o leste, foram para a Hungria em vez da Polônia.

Em 12 de janeiro de 1945, um número imenso de homens e tanques invadiu o Vístula fazendo um arsenal de cabeças de ponte russas. Nos dias seguintes, os russos continuaram a ofensiva em toda a linha, e a frente de batalha começou a se desintegrar.

Em 16 de janeiro, Hitler voltou à Chancelaria parcialmente bombardeada em Berlim. E decidiu que a frente ocidental deveria entrar na defensiva para liberar soldados para lutar no leste. Mas, o Exército Vermelho avançava rapidamente pela Polônia, e o campo de extermínio nazista de Auschwitz-Birkenau teve de ser abandonado.

Criado em abril de 1940, tornara-se o maior dos campos de extermínio, e acredita-se que 1 a 2,5 milhões de pessoas tenham morrido lá, a maioria delas nas câmaras de gás. Em 17 de janeiro de 1945, os presos foram transportados para outros campos de concentração, como Dachau e Mauthausen. No fim da guerra, conforme as forças aliadas avançavam pela Europa, os nazistas fecharam apressadamente muitos campos para eliminar as provas de seus crimes. Um número imenso de prisioneiros desnutridos foi forçado a caminhar centenas de quilômetros até campos em território alemão. Milhares morreram nessas "marchas da morte", e, quando o Exército Vermelho chegou a Auschwitz, em 27 de janeiro, restavam 7.650 presos no campo.

O campo de Auschwitz-Birkenau era o maior dos campos de extermínio, e acredita-se que 1 a 2,5 milhões de pessoas tenham morrido lá, a maioria nas câmaras de gás.

DENTRO DO REICH

Retirada estratégica

Em vez de correr o risco de ser cercada, a guarnição alemã de Varsóvia recuou, deixando que o Exército Vermelho continuasse sem impedimento sua corrida rumo à fronteira alemã. Hitler ficou furioso e ordenou que vários oficiais do Estado-maior fossem presos. Guderian assumiu a culpa e foi, então, forçado a submeter-se a prolongados interrogatórios, quando deveria estar concentrando todo o seu esforço na batalha pela frente oriental.

Em 18 de janeiro, os alemães atacaram na Hungria, em uma tentativa de romper o cerco de Budapeste. Abriram caminho lutando pelas margens do Danúbio. Mas, naquele mesmo dia, os russos entraram na cidade, e o esforço foi desperdiçado. Ainda assim, Hitler mandou o Sexto Exército Panzer para a Hungria, na tentativa de manter os russos lá.

Porém, em 20 de janeiro, os russos puseram os pés em solo alemão. Não era possível resistir ao avanço e Hitler começou a acusar de traição seus comandantes de Panzers. Mas, agora, o Exército Vermelho dominara a arte da guerra de blindados. Avançavam rapidamente, contornando bastiões e flanqueando linhas fortificadas. Guderian propôs que abrissem negociações para um armistício na frente ocidental, já que os russos estariam nos portões de Berlim em três a quatro semanas. Quando Hitler soube disso, Guderian também foi acusado de traição.

Espaço para respirar

Guderian propôs um plano que lhes daria algum espaço para respirar. Deveriam

Tanques T-34 recolhem infantes ao avançar pela estrada principal de Seelow a Berlim.

Alguns dos 7.650 sobreviventes de Auschwitz encontrados quando os russos libertaram o campo em 27 de janeiro de 1945.

formar um novo Grupo de Exércitos especificamente para defender o centro da linha. Ele sugeriu que o oficial comandante fosse o marechal de campo Freiherr von Weichs, comandante nos Bálcãs. Hitler aprovou o plano para a criação de um novo Grupo de Exércitos, mas deu o comando a Himmler. Guderian ficou horrorizado. Himmler não era militar, era político, chefe das SS e arquiteto da Solução Final para exterminar os judeus da Europa, além de ser chefe de Polícia, ministro do Interior e comandante-chefe do Exército de Reserva. Todos esses cargos precisariam de dedicação integral. Mas Hitler foi insistente. Guderian tentou convencê--lo pelo menos a dar a Himmler o Estado-maior experiente de Von Weichs. Mas Hitler, que agora desconfiava de todos os seus generais, permitiu que escolhesse seu próprio Estado-maior. Himmler cercou-se de outros líderes das SS que, na opinião de Guderian, eram incapazes de cumprir as tarefas que lhes tinham sido confiadas.

Lammerding, Líder de Brigada das SS, era o chefe do Estado-maior de Himmler. Antes comandante de uma Divisão Panzer, Lammerding não fazia ideia dos deveres de um oficial de Estado-maior. Para completar o ar de irrealidade, o novo Grupo de Exércitos chamaria-se Grupo de Exérci-

Integrantes do *Volkssturm* alemão em desfile, muitos deles equipados com um *Panzerfaust* (arma anticarro de um só tiro) e mandados em bicicletas para destruir tanques russos.

tos do Vístula, embora os russos tivessem atravessado o Vístula meses antes.

Hitler criou novas divisões de "caça-tanques". Consistiam de homens armados de granadas anticarro e pedalando bicicletas. Elas deveriam dar um jeito de deter os imensos exércitos de T-34 que agora avançavam para oeste. Nessa época, meninos de 16 anos eram alistados no exército.

A guerra está perdida

Em 28 de janeiro, a Alta Silésia estava em mãos russas. Albert Speer, ministro de Armamentos, escreveu a Hitler: "A guerra está perdida." Então o líder nazista isolou Speer completamente e recusou-se a receber quando estivesse sozinho qualquer pessoa em particular, porque sempre lhe diziam algo que ele não queria ouvir. Começou a rebaixar oficiais por capricho, e bravos soldados, denunciados por membros do partido, viram-se em campos de concentração, sem direito sequer à investigação mais sumária. Guderian descobriu que passava cada vez mais dias escutando prolongados monólogos de Hitler, que tentava achar algum culpado pela deterioração da situação militar. O Führer ficava tão enraivecido que as veias da testa saltavam, os olhos pulavam e integrantes do Estado-maior temiam que ele sofresse um enfarte.

Em 30 de janeiro, os russos atacaram o Segundo Exército Panzer na Hungria e conseguiram o rompimento. Guderian propôs evacuar os Bálcãs, a Noruega e o que restava da Prússia e trazer todos os Panzers de volta à Alemanha para uma última batalha. Em vez disso, Hitler ordenou um ataque. Em 15 de fevereiro, o Terceiro Exército Panzer, comandado pelo general Rauss, passou à ofensiva. No comando geral da ofensiva estava o general Walther Wenck. Mas, na noite do dia 17, depois de uma longa reunião com Hitler, Wenck notou que seu motorista estava cansado, e ele mesmo assumiu o volante. Porém, ele adormeceu e bateu no parapeito de uma ponte na estrada Berlim-Stettin. Ficou gravemente ferido e, com Wenck no hospital, a ofensiva atolou-se e nunca mais recuperou o ímpeto.

Em março, Rauss foi convocado à Chancelaria para se explicar. Hitler não lhe deu oportunidade de falar. Depois de mandá-lo embora, o líder nazista insistiu que Rauss fosse demovido do comando. Guderian protestou que ele era um dos comandantes de Panzer mais capazes. Hitler retrucou que ele não merecia confiança porque era berlinense ou prussiano oriental.

Então alguém lhe disse que Rauss era austríaco, como o próprio Hitler. Mesmo assim, Rauss foi destituído do posto e substituído pelo general Hasso von Manteuffel.

Himmler rebaixado

O Grupo de Exércitos Vístula de Himmler pouco fez para deter o avanço russo, e Guderian acabou sugerindo que Himmler fosse substituído. Em 20 de março, Hitler concordou. Quem ocupou seu lugar foi um militar veterano, o coronel-general Gotthard Heinrici, que na época comandava o Primeiro Exército Panzer nos Cárpatos. À sua disposição estava: o Terceiro Exército Panzer, com o general Von Manteuffel, que ocupava a parte norte da frente, o centro estava com o Nono Exército do general Theodor Busse, enquanto o sul era defendido pelo dilapidado Grupo de Exércitos do marechal de campo Ferdinand Schörner. E havia mais trinta divisões nas vizinhanças de Berlim que ele poderia convocar.

Guderian continuou a dar sugestões para, pelo menos, desacelerar o avanço dos russos. Mas, depois de uma última briga com Hitler, ele recebeu ordens de tirar seis semanas de licença para recuperar a saúde. Ele partiu de Berlim em 28 de março e pretendia ir para uma pousada de caça perto de Oberhof, nas montanhas da Turíngia, mas o avanço rápido dos americanos tornou isso impossível. Então, ele decidiu ir para o sanatório de Ehenhausen, perto de Munique, para tratar do coração. Avisado de que poderia chamar a atenção da Gestapo, Guderian conseguiu ser guardado por dois membros da Polícia de Campanha.

Embora Stalin tivesse dito a Eisenhower que pretendia atacar Berlim em maio, seus generais Jukov e Ivan Konev sabiam muito bem que ele queria chegar lá antes disso, muito embora seus exércitos estivessem exaustos depois de semanas de combate intenso. A 1ª Frente Ucraniana (ou Grupo de Exércitos) de Konev estava na margem leste do rio Neisse, aproximadamente 120 km a sudeste de Berlim. Ele propôs começar sua ofensiva com 2h30 de bombardeio de artilharia com 7.500 canhões. Ao amanhecer, lançaria uma cortina de fumaça e forçaria a travessia do rio com dois exércitos de tanques e cinco de campanha, em um total de mais de quinhentos mil homens. Os tanques ficariam no flanco direito. Eles romperiam as defesas alemãs, depois virariam para noroeste e correriam para Berlim. Infelizmente, seu plano baseava-se em dois exércitos extras que tinham sido prometidos, mas sem certeza de que chegariam a tempo.

> *Jukov propôs um bombardeio antes do alvorecer com dez mil canhões. Depois, ele voltaria 140 holofotes antiaéreos contra os defensores alemães, cegando-os enquanto atacasse.*

A 1ª Frente Bielorrussa de Jukov estava no rio Oder, 80 km a leste de Berlim, com uma cabeça de ponte na margem oeste, em Küstrin. Ele propôs um bombardeio antes do alvorecer com dez mil canhões. Depois, voltaria 140 holofotes antiaéreos contra os defensores alemães, cegando-os enquanto atacasse. Dois exércitos de tanques e quatro de campanha formariam a cabeça de ponte de Küstrin, com mais dois exércitos em cada flanco. Com superioridade aérea total e 750 mil homens à disposição, Jukov confiava em uma vitória rápida.

Sinal verde

Stalin deu o sinal verde a Jukov, por estar mais perto de Berlim e mais bem preparado. Mas, ainda estimulando a rivalidade entre os dois marechais de campo, também avisou a Konev que estava livre para investir contra Berlim se achasse que conseguiria chegar antes de Jukov. A data marcada para o início da ofensiva foi 16 de abril. Os dois marechais de campo teriam apenas 13 dias para se preparar.

Em 15 de abril, os americanos entraram na corrida quando o Nono Exército do general de divisão William Simpson atravessou o Elba. Entre ele e Berlim estavam os remanescentes do Décimo Segundo Exército alemão, comandado pelo general Wenck. Pouco se poderia fazer para impedir que Simpson corresse para a capital. Mas Eisenhower ordenou-lhe que parasse no Elba até que houvesse a ligação com o Exército Vermelho em Dresden. Na manhã seguinte, às 4h da madrugada, três foguetes vermelhos iluminaram o céu na cabeça de ponte de Küstrin. Eles foram seguidos pela maior barragem de artilharia já montada na frente oriental. Morteiros, tanques, canhões autopropulsados, artilharia leve e pesada, juntamente com quatrocentos Katiúchas, golpearam as posições alemãs. Aldeias inteiras foram transformadas em escombros. Árvores, grades de aço e blocos de concreto foram lançados no ar. Florestas pegaram fogo. Os homens ficaram ensurdecidos pelos canhões e tremiam incontrolavelmente. Os holofotes os cegaram. Então, depois de 35 minutos de bombardeio, os soviéticos atacaram.

Mentalidade de *bunker*

Em seu *bunker* fortificado sob a Chancelaria do Reich, Hitler ainda acreditava que poderia vencer a guerra. Ele previa que os russos sofreriam sua maior derrota nos

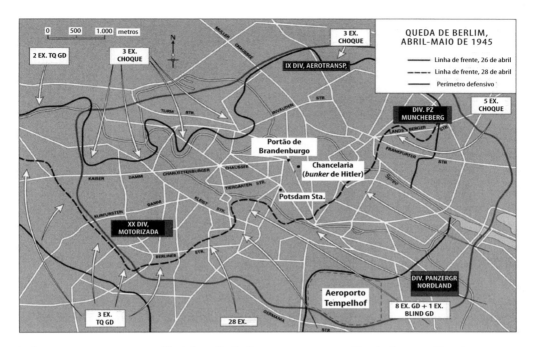

As forças russas cercaram a "Fortaleza Berlim", e era apenas questão de tempo até golpearem os alemães para que se rendessem.

portões de Berlim. Era o que os mapas lhe diziam. Ainda estavam cobertos de bandeirinhas que representavam unidades do exército e das SS. Infelizmente, em sua maioria, aquelas bandeirinhas eram apenas... bandeirinhas. As unidades que representavam tinham deixado de existir havia muito tempo ou estavam com o efetivo tão cronicamente reduzido que eram praticamente inúteis. Quem lhe chamasse a atenção para isso era demitido.

Agora Heinrici estava encarregado da defesa da cidade. Ele era especialista em guerra defensiva. Às vésperas do ataque soviético fizera seus soldados da linha de frente recuar, de modo que o bombardeio maciço de Jukov caísse sobre posições vazias. O Nono Exército entrincheirara-se nos montes Seelow, bloqueando a principal estrada Küstrin-Berlim. Os homens de Jukov que atacavam pela estrada sofreram baixas terríveis.

Eles acabaram vencendo a linha Seelow pelo puro peso da vantagem numérica, mas depois enfrentaram mais defesas alemãs, reforçadas pelo 56º Panzerkorps do general Karl Weidling, e foram detidos. Stalin ficou furioso. Ordenou que Konev, que fazia um bom avanço ao sul, lançasse suas forças contra Berlim. E, em 20 de abril, a 2ª Frente Bielorrussa do marechal Konstantin Rokossovski fez um ataque separado ao Terceiro Exército Panzer de Von Manteuffel.

DENTRO DO REICH 143

O Nono Exército de Busse começou a se desintegrar, e Jukov chegou tão perto de Berlim que começou a bombardear a cidade com a artilharia de longo alcance. As forças de Konev também se aproximavam pelo sul, e a capital alemã foi envolta pelo movimento em pinça. Para se assegurar de que os americanos não viriam lhes tirar o prêmio na última hora, tanto Jukov quando Konev mandaram tropas encontrarem-se com Simpson no Elba. Eles fizeram contato em Torgau em 25 de abril, e localizaram Simpson instalado no Elba sem enfrentar ninguém. Dois dias antes, Wenck fora chamado de volta para a defesa de Berlim. Em 28 de abril, chegara ao subúrbio de Potsdam. Lá enfrentou feroz resistência soviética, mas conseguiu desvencilhar sua tropa e tentou fazer ligação com remanescentes do Nono Exército. Em seguida, foi para oeste, na esperança de se render aos americanos. Hitler amaldiçoou sua traição.

Medidas desesperadas

A "Fortaleza Berlim", como dizia o então ministro da Propaganda Joseph Goebbels, era defendida por noventa mil garotos mal equipados da Juventude Hitlerista e idosos do *Volkssturm*. Os dois milhões de berlinenses que ainda tentavam levar a vida na cidade arruinada fizeram piada. "Os russos levarão exatamente 2 horas e 15 minutos para capturar Berlim: 2 horas morrendo de rir e 15 minutos para transpor as barricadas."

Até o fim, Hitler afirmava que uma coluna de resgate de Tigres II estava a caminho, e o Obersturmführer Babick, das SS, seu seguidor leal e comandante em combate do Reichstag, ficava junto ao mapa dia e noite planejando a chegada desses Tigres.

"Babick ainda transbordava de confiança", disse Gerhard Zilch, praça da 3ª Bateria Antiaérea Pesada. "Ele achava que estava a salvo em seu abrigo. Sentinelas SS foram postadas do lado de fora. Outras guardavam os corredores do Reichstag, e os Tigre II, nossa melhor arma, pareciam estar ali na esquina. Ele dividira os homens em grupos de cinco a dez. Um grupo era comandado pelo SS-Untersturmführer Undermann – ou algo assim, não guardei direito o nome. Ele foi designado para o Ministério do Interior – a 'Casa de Himmler' –, ao sul da ponte Molke, com a própria ponte em sua linha de fogo. Então um subalterno das SS, com uns 19 anos, foi até Babick e relatou que Undermann e seus homens tinham encontrado bebidas e que estavam bêbados. Ele trouxera Undermann consigo, que esperava do lado de fora. Babick rugiu: 'Fuzile-o agora mesmo.' O subalterno bateu os calcanhares e saiu. Momentos depois, houve uma rajada de metralhadora. O garoto voltou e disse que a ordem fora cumprida. Babick o pôs no comando da unidade de Undermann."

Os ratos abandonam o navio naufragado

Himmler, Göring e outros nazistas importantes deixaram a cidade. Hitler recusou-se a partir, fingindo, por algum tempo, que a situação poderia ser revertida. Emitiu uma enxurrada de ordens para seus exércitos inexistentes. Então, quando os soviéticos apertaram mais o laço e 15 mil canhões russos bombardearam a cidade, Hitler abandonou o fingimento de administrar a situação e anunciou que se mataria antes que os russos chegassem. Enquanto isso, as quarenta ou cinquenta pessoas que restavam no porão do Reichstag começaram a procurar onde se esconder.

Quando os soldados soviéticos entraram na cidade, Hitler destituiu Göring da posição de sucessor, por tentar assumir o cargo enquanto ele ainda vivia, e Himmler por fazer sondagens de paz junto aos britânicos e americanos. O almirante Karl Dönitz foi nomeado novo sucessor de Hitler.

Embora a situação agora não permitisse ter esperanças, nazistas fanáticos continuaram a resistir em combate corpo a corpo. Enquanto um corpo de tanques de Konev entrava na cidade pelo sul e o Segundo Exército Blindado de Guarda de Jukov pelo norte, tomando Charlottenburg, destacamentos da Juventude Hitlerista ocuparam a ponte Pichelsdorf, sobre o rio Havel, e a ponte para Spandau. Em outros locais, os últimos tanques Tigre do batalhão SS *Hermann von Salza* enfrentaram o Terceiro Exército de Choque e o 8º Exército de Guarda no Tiergarten.

Últimos dias do malfadado regime

Então chegou a notícia de que Mussolini estava morto. No dia seguinte, 29 de abril, Hitler casou-se com a amante Eva Braun. No dia 30, ditou seu testamento e a última mensagem política. Naquela tarde,

Adolf Hitler visto, aqui, conferindo medalhas à Juventude Hitlerista, em seu último aparecimento público, 29 de abril de 1945.

Artilharia soviética e guarnição de tanques na Kurfürstendamm de Berlim, antes a avenida mais elegante da cidade. A igreja do Kaiser Guilherme II pode ser vista ao fundo desta fotografia soviética muito retocada.

em seus aposentos particulares, Hitler e a esposa de um dia mataram-se. Os corpos foram queimados em uma cova rasa nos jardins da Chancelaria.

Soldados de Jukov e de Konev já estavam na cidade. Mas Konev recebeu ordem de parar, e os homens de Jukov tiveram a honra de içar a bandeira vermelha no Reichstag. Mais tarde, Stalin considerou ameaçadora a resultante popularidade de Jukov, e em 1946 o marechal foi banido para a obscuridade.

Ainda havia bolsões de resistência, e os soldados que restavam no *bunker* de Hitler tentaram negociar termos de rendição. Os soviéticos não aceitariam nada além da rendição incondicional, e deflagraram um novo furacão de fogo. Goebbels e a esposa mataram os seis filhos e se mataram. Martin Bormann, o assessor mais próximo de Hitler, tentou fugir, e acredita-se que tenha sido morto. Se isso aconteceu, foi o único nazista importante a morrer em combate. Os outros se mataram. Na década de 1960, houve boatos persistentes de que Bormann fugira para a América do Sul e morava no Paraguai. No entanto, legistas determinaram "com quase certeza" que um dos dois corpos desenterrados em 1972, em uma obra em Berlim, era dele.

A bandeira vermelha voa alto

Em 2 de maio, o general Weidling finalmente concordou com a rendição incondicional de Berlim. Naquele mesmo dia, o Reichstag foi ocupado. Relatórios soviéticos dizem que um obuseiro foi levado até a Wilhelmplatz para explodir as portas e que o combate corpo a corpo continuou lá dentro, embora isso pareça improvável. A major Anna Nikulina, do departamento político do 9º Corpo de Infantaria do 5º Exército de Choque, içou a bandeira vermelha no telhado.

A rendição das forças alemãs no noroeste da Europa foi assinada em 4 de maio, no quartel-general de Montgomery, na charneca de Luneburg. Outro documento de rendição, tratando de todas as forças alemãs, foi assinado com mais cerimônia no quartel-general de Eisenhower em Reims. E às 0h28 de 8 de maio de 1945, a guerra na Europa oficialmente acabou.

Naquele dia, o tenente-brigadeiro *Sir* Arthur Tedder, representante de Eisenhower, e o general Spaatz, da Força Aérea dos Estados Unidos, voaram até Berlim para assistir à assinatura de outro documento de rendição no quartel-general da 1ª Frente Bielorrussa, diante do marechal Jukov. A maior parte dos combates terminou naquele dia, mas, devido às dificuldades de comunicação, alguma resistência continuou até 10 de maio.

Enquanto aconteciam as várias assinaturas de rendição, centenas de milhares de soldados da Wehrmacht conseguiram passar pelos guardas avançados de Bradley e Montgomery e render-se aos Aliados ocidentais, e a Kriegsmarine usou suas últimas horas de liberdade para evacuar o máximo possível de soldados do Báltico. O coronel-general C. Hilpert, agora no comando dos soldados sitiados do chamado Grupo de Exércitos da Curlândia, rendeu-se aos russos com pouco menos de duzentos mil homens – tudo o que restava de seus dois exércitos, cinco corpos ou 16 divisões –, e o general Noak entregou-se com as três divisões do XX Corpo na península de Hela, na embocadura do Vístula. As 14 divisões do Vigésimo Exército alemão que ocupavam a Noruega – quatrocentos mil alemães e cem mil ex-soviéticos – renderam-se em Oslo ao general *Sir* Alfred Thorne. As guarnições que ficaram para trás nas Ilhas do Canal, em Dunquerque, Lorient, San Nazaire e La Rochelle também depuseram as armas.

Custo final

Não se sabe quanta gente pereceu na Batalha de Berlim. As estimativas calculam em até duzentos mil o número de alemães mortos e em 150 mil o de russos. Então os soldados soviéticos caíram em uma orgia de bebedeira, saques e estupros. Acredita-se que nesse período até cem mil mulheres foram estupradas, em geral, pública e repetidamente, em Berlim. Em toda a Alemanha oriental, estima-se que duas milhões de mulheres foram estupradas. Às vezes os russos fuzilavam suas vítimas, outras vezes elas se matavam. Calcula-se que dez mil morreram.

Na conferência de Ialta, na Crimeia, em fevereiro de 1945, ficou acertado que Berlim seria dividida entre as quatro potências – Grã-Bretanha, França, Estados Unidos e URSS. Quando a Comissão de Controle das Quatro Potências chegou para assumir o controle, a orgia já terminara. Em 4 de junho, o marechal Jukov, o marechal de campo Montgomery, os generais Eisenhower e Jean de Lattre de Tassigny encontraram-se em Berlim para aprovar acordos sobre a ocupação, a administração e o desarmamento da Alemanha. Também ficou acertado que os principais líderes da guerra nazista seriam julgados em um tribunal internacional de justiça militar.

Quase imediatamente, começou a Guerra Fria. A parte da cidade nas mãos das potências ocidentais tornou-se Berlim Ocidental, um enclave de democracia e capitalismo de livre mercado no interior da região dominada pela União Soviética, que se estendia mais ou menos 150 km a oeste da capital. Durante os 55 anos seguintes, esse foi o centro da disputa até a reunificação da Alemanha em 1990.

Capítulo 10

O EXTREMO ORIENTE

Enquanto a guerra contra Hitler fervia no norte da África e na Europa, uma guerra separada era travada contra o Japão no Pacífico e no Extremo Oriente. Em 8 de dezembro de 1941, os japoneses atacaram a base aérea americana nas Filipinas, pegando os aviões em terra. Os Estados Unidos perderam mais da metade de suas Fortalezas Voadoras B-17 e 86 outras aeronaves. Estrategicamente foi um desastre tão grande quanto Pearl Harbor.

Depois de afundarem o *Prince of Wales* e o *Repulse*, os movimentos japoneses pela Malásia foram realmente rápidos e fluidos. Em 11 de janeiro, a capital Kuala Lumpur foi abandonada ao inimigo. Em 31 de janeiro de 1942, todas as forças da Commonwealth tinham recuado para Cingapura. Mas, os canhões imensos que defendiam a ilha estavam apontados para o mar. As defesas no lado terrestre, ameaçado pelos soldados japoneses, eram desprezíveis. Quando a Grã-Bretanha entregou Cingapura em 15 de fevereiro de 1942, seus cinco canhões de 15 polegadas, seis de 9 polegadas e 16 de 6 polegadas não tinham dado um único tiro.

A perda do HMS *Prince of Wales* e do HMS *Repulse*, 10 de dezembro de 1941. Esta fotografia foi tirada de uma aeronave japonesa durante o ataque inicial de bombardeio de altitude. O *Repulse*, perto da margem inferior da foto, acaba de ser atingido por uma bomba, e quase foi atingido por várias outras. O *Prince of Wales* está mais ao alto da foto, gerando uma quantidade considerável de fumaça.

Soldados japoneses montados e comandados pelo general de divisão Sakai entram em Hong Kong no Natal de 1941.

Cerca de 85 mil soldados britânicos tinham enfrentado apenas trinta mil japoneses. Mas estes eram comandados pelo general Tomoyuki Yamashita, conhecido por seus homens como "o Tigre". Os britânicos eram comandados pelo azarado general Arthur Percival, conhecido pelos soldados como "o Coelho".

Sua imagem marchando para saudar os japoneses vitoriosos com a bandeira britânica erguida ao lado de uma bandeira branca de rendição revelou a dura realidade: a Grã-Bretanha não tinha mais o domínio dos mares, nem era capaz de proteger suas colônias.

Cerca de oitenta mil soldados Aliados foram aprisionados, alguns tinham desembarcado havia tão pouco tempo que não chegaram a dar um tiro. Eles enfrentaram anos nas duras condições dos campos japoneses de prisioneiros de guerra – se sobreviviam.

O ataque a Hong Kong aconteceu em 8 de dezembro, apenas seis horas depois de Pearl Harbor. O pedido feito ao general de divisão MacArthur, comandante das Forças Armadas americanas no Extremo Oriente, de um bombardeio precoce às bases aéreas japonesas em Formosa foi negado. A guarnição de 4.400 soldados Aliados, entre os quais oitocentos canadenses, aguentou até o dia de Natal, quando foram finalmente vencidos por forças japonesas superiores.

Naquele mesmo dia, tropas japonesas desembarcaram no sul da Tailândia. Em 24 horas, o primeiro-ministro tailandês ordenou que suas forças interrompessem a resistência e, dentro de um mês, declarou guerra à Grã-Bretanha e aos Estados Unidos.

Também em 8 de dezembro, os japoneses fizeram um ataque inicial à ilha Wake. No entanto, em 23 de dezembro, quando os invasores retornaram em grande número, os fuzileiros americanos que lá estavam foram obrigados a abandonar a luta. Os desembarques em Bornéu começaram em 15 de dezembro, e a ilha caiu em mãos japonesas duas semanas depois.

Em 22 de dezembro, o Décimo Quarto Exército japonês desembarcou no golfo de Lingayen, em Luzon. Os soldados filipinos dessa nação recém-independente não eram páreo para os japoneses treinadíssimos. Os combatentes americanos lá estabelecidos retiraram-se de Manila, a capital, para montar a defesa da península de Bataan. O sucesso foi parcial, mas surtos de malária e o moral baixo deixaram os americanos vulneráveis. Uma ofensiva japonesa começada em 3 de abril ocupou a maior das ilhas filipinas em seis dias.

Os americanos que foram capazes de escapar, uns 15 mil no total, recuaram para a ilha de Corregidor. Em 9 de junho, toda resistência dos americanos e de seus Aliados filipinos cessou.

Os britânicos destroem suprimentos para evitar que caiam em mãos japonesas durante a retirada da tropa inglesa na Birmânia.

O general *Sir* Archibald Wavell (à direita), comandante-chefe na Índia, reunido com o general *Sir* Claude Auchinleck, comandante-chefe do Oriente Médio, para discutir a situação da guerra em janeiro de 1942.

O Ano Novo deu ao Japão Tarakan, Menado, Rabaul e Timor. Bali, Java e Sumatra eram as próximas da fila. Onde existiam, os defensores eram rapidamente vencidos pelo efetivo superior e pelas máquinas voadoras.

Em 27 de fevereiro de 1942 aconteceu a Batalha do Mar de Java, primeiro engajamento naval genuíno da guerra do Pacífico. A frota aliada estava sem cobertura aérea e não tinha nada à altura dos torpedos Lança Longa dos japoneses. O resultado foi uma vitória decisiva da Marinha Imperial.

Então, os japoneses voltaram sua atenção para a Birmânia, na época, colônia britânica. Era rica em matérias-primas, como borracha, petróleo e tungstênio. Uma ação decisiva cortaria a Estrada da Birmânia, uma rota de suprimentos importante para os chineses que ainda combatiam o Japão. Também abriria caminho para as riquezas da Índia, onde os japoneses acreditavam que os nacionalistas levantariam-se contra os britânicos.

O EXTREMO ORIENTE

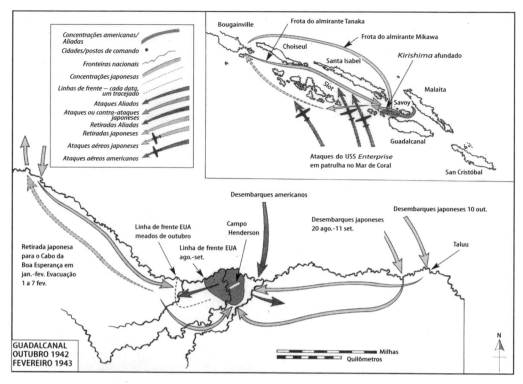

A luta pelas Ilhas Salomão, principalmente em Guadalcanal e na área circundante, foi a primeira grande ofensiva aliada contra os japoneses.

Rangum caiu em 8 de março, e as forças britânicas enfrentaram a mais longa retirada de sua história quando o general de divisão William Slim seguiu o rio Irauádi até a fronteira indiana, com os japoneses apenas 24 horas atrás. Eles adotaram uma política de terra arrasada. De acordo com uma estimativa, 11 milhões em petróleo e instalações foram destruídos em apenas setenta minutos.

Guadalcanal

Animados pelo sucesso em Midway, os americanos decidiram atacar Guadalcanal, que caíra diante dos japoneses em maio de 1942. A maior das Ilhas Salomão, com cerca de 144 km de comprimento e aproximadamente 40 km de largura, Guadalcanal tem 6.475 km² de floresta tropical, com vulcões íngremes e ravinas fumegantes.

A ideia do ataque era impedir o isolamento da Austrália e da Nova Zelândia. Os japoneses já tinham demonstrado suas intenções hostis em relação à Austrália no dia 19 de fevereiro de 1942, com um ataque aéreo a Darwin por 188 aeronaves comandadas por Mitsui Fuchida, o homem que encabeçara o ataque a Pearl Harbor. Os japoneses já estavam construindo até uma pista de pouso em Guadalcanal.

No entanto, os soldados Aliados foram desviados para Papua Nova Guiné para combater os desembarques japoneses. Mas, em 31 de julho, 23 navios de carga e transporte de tropas zarparam de Fiji levando cerca de 19 mil fuzileiros navais. O apoio naval era composto de oito cruzadores, 15 contratorpedeiros e cinco caça-minas de alta velocidade. Mais distante, no mar, havia três porta-aviões, com um encouraçado, seis cruzadores, 16 contratorpedeiros e cinco petroleiros comandados pelo vice-almirante Frank Jack Fletcher.

Felizmente, os aviões japoneses estavam presos em terra pelo mau tempo, e os defensores da ilha não tiveram aviso antecipado da invasão. Quando desembarcaram na manhã de 7 de agosto, 11 mil fuzileiros navais subiram a praia sem oposição. Em 24 horas, o campo de pouso recém-construído estava em mãos americanas, juntamente com uma quantidade considerável de equipamento inimigo abandonado, e foi então rebatizado de Campo Henderson, em homenagem ao major Lofton Henderson, aeronauta morto em Midway. No entanto, na ilha menor de Tulagi, a mais ou menos 32 km, os defensores lutaram quase até o último homem, tirando a vida de 108 americanos.

O soldado de primeira classe James Donahue recordou seus primeiros dias em Guadalcanal: "A selva é densa pra diabo. O Quinto Regimento desembarcou primeiro e marchou para o aeroporto. Passamos direto e depois viramos para impedir a fuga dos japas. Levamos três dias para avançar menos de dez quilômetros. Os japas caíram fora, deixaram uns excedentes no primeiro dia que foram eliminados.

O segundo dia foi homicídio. Em todo o caminho havia mochilas descartadas, fuzis, equipamento de cozinha, tudo que se pode imaginar. Na segunda noite choveu pra diabo e os insetos eram terríveis. O Segundo Batalhão chegara ao rio Lunga. Tivemos de atravessar quatro rios.

No terceiro dia, voltamos. Os japas tinham nos vencido na retirada. Assumimos posições defensivas na praia. Fomos bombardeados o dia todo por aviões e um submarino nos lança granadas de vez em quando.

Nossas trincheiras têm 1,20 m de profundidade. Saímos em patrulhas noturnas, e é bem complicado. Ficamos nas trincheiras 13 a 14 horas de cada vez, e não paramos de atirar nos japas na selva. E ainda não há apoio aéreo. Os mosquitos são terríveis à noite. Formigas e pulgas não param de incomodar. Os aviões metralharam a praia hoje. Uma grande batalha naval aconteceu no segundo dia que estávamos aqui, o que resultou no afundamento de nosso navio, o *Elliot*. Todos os nossos pertences se perderam [...]

O porta-aviões japonês Ryujo foi torpedeado, juntamente com um porta-aviões leve, um contratorpedeiro e uma lancha de transporte de tropas. O porta-aviões americano Enterprise foi atingido duas vezes por bombardeiros de mergulho japoneses.

O EXTREMO ORIENTE

Fuzileiros navais americanos desembarcam na ilha Tulagi, 7 e 8 de agosto de 1942. O combate foi feroz, porque, mais uma vez, os defensores japoneses lutaram até o último homem.

Nosso tenente-coronel foi emboscado e baionetado. Limpamos o mato desde o rio para um esperado desembarque japa. Toda noite as patrulhas penetram cada vez mais na selva. Tentaram nos emboscar ontem à noite. Não temos permissão de atirar."

Claramente, os japoneses não tinham intenção de permitir uma vitória fácil.

A princípio, uma tentativa japonesa de desembarcar mais soldados de infantaria em Guadalcanal, com um navio vindo de Rabaul, frustrou-se devido ao torpedo de um submarino americano. No entanto, em 9 de agosto a primeira de uma série de batalhas navais foi uma vitória japonesa. O vice-almirante Gunichi Mikawa levou seus navios pelo *Slot* ("Ranhura"), ao estreito de Nova Geórgia que divide as duas

Fuzileiros navais americanos descansam em uma clareira da selva em Guadalcanal, entre agosto e dezembro de 1942.

ilhas compridas que formam as Ilhas Salomão, e, à luz de foguetes lançados de aviões cargueiros, afundou quatro cruzadores Aliados em pouco mais de vinte minutos no estreito de Savo, que passou a ser chamado de *Ironbottom* ("Fundo de Ferro"). Outros navios foram avariados, e o vice-almirante Fletcher rapidamente retirou de Guadalcanal seus grupos de porta-aviões.

As Ilhas Salomão orientais

Antes do fim do mês de agosto, travou-se outra grande batalha marítima. A Batalha das Salomão orientais envolveu dois porta-aviões, um porta-avião leve, dois encouraçados, cinco cruzadores e 17 contratorpedeiros, despachados da base japonesa de Rabaul, na Nova Bretanha, com a intenção de retomar Guadalcanal. Eles enfrentaram aeronaves de três porta-aviões americanos. Houve baixas consideráveis de ambos os lados. O porta-aviões japonês *Ryujo* foi torpedeado, juntamente com um porta-aviões leve, um contratorpedeiro e uma lancha de transporte de tropas. O porta-aviões americano *Enterprise* foi atingido duas vezes por bombardeiros de mergulho japoneses. Quando o plano de desembarcar reforços japoneses mostrou-se impossível de cumprir, comandantes cautelosos de porta-aviões de ambos os lados decidiram se retirar protegidos pela escuridão. Então, restou à Força Aérea Cactus – os aviões do Grupo Aéreo dos Fuzileiros Navais, sediados no campo Henderson – atormentar as forças japonesas. Lanchas

Um bombardeiro "Val" japonês solta fumaça ao mergulhar rumo ao USS *Hornet*, 26 de outubro de 1942. Esse avião atingiu a chaminé e depois o convés de voo do navio. A aeronave mais baixa é um "Kate", avião de ataque a navios.

torpedeiras ágeis também foram usadas para desorganizar as linhas de contratorpedeiros no golfo, apelidadas de "Expresso Tóquio".

Em outro incidente no final de agosto, o USS *Saratoga*, um dos principais porta-aviões da região, foi atingido por um torpedo e recuou para reparos em Pearl Harbor. Agora os japoneses tinham vantagem no mar, enquanto os americanos mantinham sua superioridade em terra.

A Força de Construção Naval dos Estados Unidos, apelidada de *Seabees* ("As Abelhas do Mar"), labutou para manter aberto o Campo Henderson. O primeiro *seabee* a receber uma condecoração de guerra (ainda que conferida postumamente) foi o marinheiro de segunda classe Lawrence C. Meyer, que encontrou e consertou uma metralhadora japonesa. Em 3 de outubro de 1942, ele a usou para derrubar um Zero japonês que atacava o campo de pouso. Menos de duas semanas depois, uma balsa de combustível na qual ele trabalhava foi atingida pelo fogo de canhões navais inimigos.

Em setembro, os japoneses despejaram milhares de homens na ilha. Em seu diário, o soldado nipônico Genjirous Inui recordou que, no dia 6 daquele mês, ele caminhou pela ilha durante um aguaceiro tropical. "Sem abrigo, dormimos ao ar livre, e o capitão e todos estávamos encharcados até os ossos. Houve muitos pacientes com diarreia e assadura na virilha, mas o moral da companhia é alto."

Pouco depois, ele detalhou uma operação japonesa contra tanques, visando a abrir um caminho por Guadalcanal. Os artilheiros abriram fogo quando seus alvos estavam a 500 m: "Todos os artilheiros atiraram em tanques um depois do outro, e muitos tanques ficaram fora de ação e pegaram fogo. Eles fizeram um contra-ataque com seus canhões e metralhadoras. Mas atiramos neles à queima-roupa antes que os tanques que corriam nos encontrassem pelo pequeno visor da frente.

Um tanque jorrava fumaça preta da torreta, um tanque estava envolto em labaredas, um tanque sofreu uma explosão no corpo e um tanque corria às cegas em nossa direção, caiu em um precipício em suas costas e as chamas se espalharam. Destruímos 10 dos 14 tanques, e quatro recuaram para a selva. O inimigo fez chover toneladas de granadas de morteiro de campanha sobre nossas cabeças. Eles destruíram um de nossos canhões."

No entanto, ao nascer de 14 de setembro o fracasso de seu considerável esforço na Serra Sangrenta era extremamente visível. "O ataque realizado cheio de confiança parece um fracasso. Aviões inimigos já estão decolando em segurança pela manhã. Como é mortificante! Enterramos nossos canhões nas areias já na posição, e avançamos para o ponto de reunião. Tivemos a última ração de arroz reduzida [...] para o desjejum e não temos nada para o almoço."

Enquanto os americanos entrincheiravam-se, oficiais japoneses disseram a seus homens: "É hora de oferecer sua vida a Sua Majestade, o Imperador. A flor da infantaria japonesa é a carga de baionetas. É isso que os soldados inimigos mais temem. O ponto forte do inimigo é a superioridade em poder de fogo. Mas este de nada servirá à noite na selva. Quando começar o ataque do tudo ou nada, rompam as defesas do inimigo sem demora. Recapturem nosso mais amargo campo de pouso. Derrotem, perfurem, matem e exterminem o inimigo antes do amanhecer. Temos certeza da vitória final do Exército Imperial."

Embora a carga de baionetas realmente aterrorizasse os americanos, eles tinham armamento para cuidar dela.

Em 15 de setembro, o porta-aviões americano *Wasp* foi torpedeado no mar por um submarino. Então, o vice-almirante William "Touro" Halsey assumiu o comando.

Em 13 de outubro, os navios japoneses bombardearam a pista de pouso, na segurança relativa do *Slot*. O depósito de combustível pegou fogo e aviões foram destruídos. As baixas japonesas continuavam a aumentar, mas os fuzileiros navais também perdiam homens. No diário, Donahue escreveu: "Muitos homens dormiam nas trincheiras em consequência dos grupos de trabalho durante o dia e as patrulhas à noite. Alguns deles foram pegos desprevenidos pelos japas que atravessaram o rio Lunga. O cabo K foi atingido por um oficial japa com seu sabre, bem no rosto. Então ele levantou a espada e atacou o cabo adormecido. O golpe quase lhe cortou a perna. Chegou até o osso do joelho. K era muito forte, robusto feito um barril. Nesse momento o francês EDJ acordou e tentou atirar nele, mas a trava de segurança estava acionada e o máximo que ele conseguiu foi desviar o golpe seguinte do japa contra ele. A mão de EDJ recebeu um corte feio. O oficial japa percebeu que estava quente demais para ele e começou a recuar. C, que estava a uns seis metros dele, atirou. No dia seguinte, C ficou com a espada dele."

Na Batalha de Santa Cruz, travada entre forças de porta-aviões americanos e

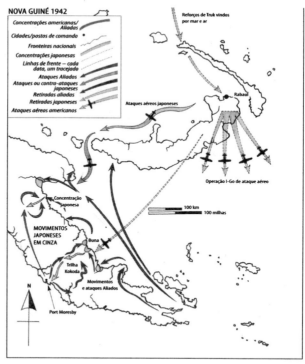

A Nova Guiné foi um campo de batalha sangrento desde o primeiro ataque japonês, em 1942, até o fim da guerra.

japoneses em 26 de outubro, umas cem aeronaves japonesas foram derrubadas; os americanos perderam 74. No entanto, os japoneses conseguiram afundar o porta-aviões americano *Hornet*.

Em 30 de novembro, cinco cruzadores e seis contratorpedeiros estadunidenses emboscaram uma força inimiga que usava o *Slot* para entregar suprimentos em Guadalcanal. No entanto, torpedos afundaram um cruzador americano e avariaram outros três, enquanto apenas um contratorpedeiro japonês afundou.

Ainda assim, em dezembro, os fuzileiros navais de Guadalcanal foram finalmente resgatados. Em 4 de janeiro de 1943, a amarga realidade ficara óbvia até para o alto-comando japonês. Os soldados que ainda restavam em Guadalcanal tinham rações de fome, sofriam doenças incontáveis e estavam incapazes de organizar outra ofensiva. Durante oito dias, contratorpedeiros japoneses enfiaram-se pelo *Slot* para recolher 11 mil homens, travando uma ousada ação de retaguarda para impedir ataques de soldados americanos.

Em 6 de fevereiro, quando Guadalcanal foi finalmente declarada segura, as baixas americanas chegavam a seis mil mortos e feridos, em um total de sessenta mil homens envolvidos na luta. Quanto aos japoneses, dois terços dos 36 mil homens em ação foram considerados mortos ou feridos.

Com Guadalcanal assegurada, os americanos tinham uma base para atacar Rabaul, o principal quartel-general japonês no sul do Pacífico.

Nova Guiné

A Batalha do Mar de Coral deu fim à tentativa japonesa de capturar Port Moresby, porém, em março, soldados japoneses desembarcaram em Lae e Salamaua, na Nova Guiné. Australianos desceram em Port Moresby e partiram ao longo da trilha Kokoda, sobre a serra de Owen Stanley, para confrontar os japoneses no litoral norte.

Antes que os australianos se aproximassem da aldeia costeira de Buna, a 200 km de Port Moresby, os japoneses desembarcaram e mandaram uma força considerável pela trilha Kokoda para encontrar aqueles que avançavam.

A umidade, a região íngreme, os pântanos maleitosos, o capim que cortava como navalha, as sanguessugas e a chuva incessante somavam-se para criar um dos piores terrenos para a guerra. Para aumentar a dificuldade, os soldados australianos não tinham recebido camuflagem de selva, e sua farda cáqui os transformava em alvos fáceis.

Em 29 de julho, os japoneses capturaram a aldeia de Kokoda, a meio caminho da trilha, forçando os australianos a recuar. Os nipônicos só pararam na serra de Imita, a apenas 50 km de Port Moresby. A esta altura, os Aliados devastaram seus navios de suprimentos, suas fardas apodreceram no corpo e alguns recorreram ao canibalismo.

Em 25 de agosto, os japoneses foram forçados a recuar. Mas os australianos não tiveram tempo de comemorar a vitória tática porque dois mil fuzileiros navais japoneses desembarcaram na baía Milne, na extremidade leste da Nova Guiné. O que não adiantou muito, já que os tanques que levavam consigo atolaram, e eles foram forçados a evacuar.

De volta à trilha Kokoda, os australianos receberam ajuda dos melanésios locais, que trabalharam como carregadores. Também receberam o apoio de caças Aliados, que metralhavam o inimigo nas trilhas estreitas da montanha.

Em 2 de novembro, os australianos tinham retomado Kokoda. Agora, planejavam expulsar os japoneses de suas fortalezas remanescentes em Buna, Gona e Sanananda. Com a união de soldados tanto australianos e quanto americanos descansados, a Batalha de Buna foi vencida em 21 de janeiro de 1943, depois da resistência desesperada dos japoneses. Havia mais serviço de limpeza a fazer no leste, mas os japoneses não eram mais uma ameaça a Port Moresby ou à baía Milne.

Na Nova Guiné, os nipônicos perderam aproximadamente 12 mil homens, enquanto os australianos sofreram cerca de 5.700 baixas, e os americanos, 2.800. Morreram mais australianos na ofensiva de Papua Nova Guiné que na guerra inteira. Para cada baixa no campo de batalha, outros três homens foram vítimas de doenças tropicais ou exaustão causada pelo calor.

Soldados australianos posam com uma bandeira japonesa capturada depois de retomar a cidade de Wau, na Nova Guiné, junho de 1943

Capítulo 11
BIRMÂNIA

Nos últimos meses de 1942, os britânicos decidiram fazer uma nova investida na Birmânia. Ela fracassou, com novecentos mortos e quatro mil feridos. O total de baixas japonesas foi de 1.100, com quatrocentos mortos ou desaparecidos. Em março de 1943, uma investida nipônica no território maleitoso de Arakan, no litoral birmanês, foi rechaçada, mas novamente as baixas britânicas foram o dobro das japonesas.

Desacostumados à luta na selva, o moral dos britânicos despencou. Os japoneses pareciam invencíveis. O carismático general William Slim, agora no comando do recém-formado Décimo Quarto Exército, considerava tarefa sua reverter isso.

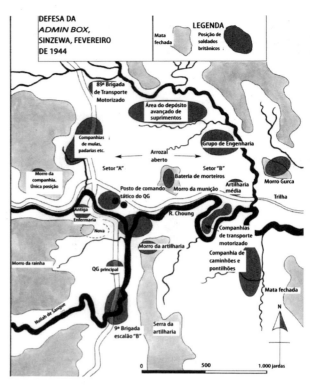

Ataque japonês a Sinzewa.

Outros fatores também favoreceram os britânicos. Os suprimentos chegavam pela North East India Railways, e a RAF recebera Spitfires e Hurricanes. Isso lhes deu o domínio do céu.

Em fevereiro de 1944, enquanto os britânicos planejavam um ataque ao campo de pouso de Akyab, na Birmânia, os japoneses fizeram um ataque surpresa a uma base de suprimentos e administração estabelecida pela 7ª Divisão indiana em Sinzewa, um pouco atrás das linhas britânicas. Os ingleses foram cercados e houve combate acirrado em torno da chamada *Admin Box* ("Caixa Administrativa"). Os soldados Aliados que lá estavam eram, em sua maioria, escrivães, mecânicos e motoristas.

Os Aliados começaram a lançar suprimentos de paraquedas. Finalmente, as tropas na base receberam o reforço de tanques, e isso estimulou as forças britânicas e indianas a ameaçarem cada vez mais cercar os japoneses. Durante a Batalha da *Admin Box*, cerca de duas mil toneladas de alimentos, combustível e munição foram lançados para os defensores, e mais de cinco mil baixas foram evacuadas para a Índia, tudo com a perda de um único Dakota. Com suprimentos para apenas dez dias, sem tanques nem artilharia, os japoneses acabaram forçados a recuar e deixaram para trás cinco mil mortos. A Grã-Bretanha obteve sua primeira vitória contra o Japão.

Bandeira branca

Além disso, alguns soldados japoneses renderam-se, coisa que os soldados Aliados acreditavam que nunca veriam. Todos os soldados nipônicos juravam dar a vida pelo Imperador, e geralmente prefeririam o suicídio à desonra.

Por isso, em consequência, os soldados Aliados que se rendiam aos japoneses eram desprezados pelos captores e muito maltratados. Muitos foram enviados para construir a famosa ferrovia da Birmânia, uma linha de suprimento entre Nong Pladuk, na Tailândia, e Thanbyuzayat, na Birmânia. Os prisioneiros trabalhavam até 18 horas por dia para abrir uma trilha de 420 km na selva montanhosa.

As punições eram cruéis e a comida e a higiene, péssimas. As úlceras não saravam; disenteria, malária, cólera e desidratação eram endêmicas. Os homens transformavam-se em esqueletos cobertos de pele, seu espírito alquebrado. Um sobrevivente recordou um colega que preferiu se matar enfiando a cabeça em uma latrina muito suja e afogando-se.

Os trabalhadores asiáticos trazidos de outros cantos do império tinham vida ainda pior. Cerca de setenta mil morreram na construção da ferrovia da Birmânia, ao lado de estimados doze mil britânicos, australianos, americanos e holandeses. A linha foi terminada em outubro de 1943, bombardeada por aviões Aliados em 1944 e abandonada no início de 1945.

Especialistas em sabotagem

Hugh Trebble, escrivão da RAF e prisioneiro em Java, foi mandado para construir uma trilha em Sumatra. "Tínhamos de trabalhar 16 horas por dia, sete dias por semana. Recebíamos um prato de arroz pela manhã e outro à noite, e só tínhamos isso para viver. No acampamento-base, costumávamos sepultar uns 16 homens por dia. Quando estávamos construindo a ferrovia, éramos surrados com trilhos e chaves de boca. A coisa a fazer era manter a consciência. Se a gente caísse e desmaiasse quando era surrado, ficaria muito ferido. Um dos guardas era tão baixo que nos obrigava a ficar em um dreno para monções para nos surrar."

Foi questão de orgulho para Trebble e seus colegas prisioneiros terem conseguido destruir três locomotivas a vapor em acidentes propositais.

Muitos prisioneiros foram transportados para as ilhas do arquipélago japonês, como o capitão britânico M. P. Murphy, capturado em Cingapura. Trechos de seu diário destacam os horrores quase insuportáveis da viagem, feita em agosto de 1942 no porão de um navio.

"Minhas pernas estão muito inchadas até o quadril com beribéri e estou em péssimo estado depois da febre, talvez com uns 55 kg, no máximo", escreveu ele. "Distribuíram roupas quentes, e que lixo! Parecem ser feitas de palha fininha e se desfazem. Não serve para ninguém.

Uma coluna Chindit atravessa um rio birmanês no interior do território inimigo, 1943. Com seu sucesso tático por trás das linhas inimigas, os Chindits mostraram que o tão temido exército japonês podia ser enfrentado e derrotado.

Embarcamos tavez em 12 no inferno outra vez, para nos unir a um grupo de uns duzentos americanos das Filipinas, sobreviventes de Bataan e Corregidor – e que bagunça de humanidade. Chocante. Estamos mal, mas eles parecem muito piores, e perderam todo o controle com a fome e os maus tratos [...]

Impossível descrever a imundície. A água potável racionada, sem água para lavagem [...] Parece impossível sobreviver por muito tempo a essa imundície horrível. Comida, disenteria, febre, nenhum jeito de manter nada limpo. Acomodação na latrina, só três cubículos para 2.500 e com disenteria e diarreia."

Aproximadamente vinte morreram na viagem de seis dias.

Os Chindits

O pensamento militar ortodoxo fracassou na Birmânia. Assim, o coronel Orde Wingate formou o Grupo de Penetração de Longo Alcance, apelidado de "Chindits". A princípio, a força era composta pela 77ª Brigada de Infantaria, formada pelo 13º Regimento do Rei (Liverpool), o 3/2º da Unidade Gurca, a 132ª Companhia de Ações Especiais, a 2ª de Infantaria da Birmânia, oito seções da RAF, uma seção de comunicações de uma brigada do Real Corpo de Comunicações e uma companhia de transporte em mulas. O próprio Wingate inventou o apelido, derivado de *chinthe*, nome das criaturas aladas que, segundo a lenda, guardavam os templos birmaneses.

Os Chindits partiram da Índia em 8 de fevereiro de 1943 para destruir a ferrovia entre Mandalay e Myitkyina e desorganizar o inimigo atrás de suas linhas. Mais uma vez, foram supridos por lançamentos aéreos.

Forças esgotadas

Depois de cumprir seus objetivos, Wingate recebeu ordem de recuar em 24 de março. Nessa altura, muitos de seus homens estavam fracos devido a doenças, exaustão e má nutrição, e a viagem de volta pelos rios Chinduin e Irauádi foi traiçoeira. Dos três mil homens e oficiais que partiram de Imphal quatro meses antes, apenas 2.182 retornaram em maio e junho, depois de caminhar entre 1.600 e 2.400 km. Somente um quarto deles continuava em condições de combater. Apesar das baixas, o valor propagandístico foi imenso.

Uma segunda expedição foi organizada em março de 1944. Dessa vez, empregou-se o equivalente a seis brigadas, em vez de uma só como na primeira surtida. Novamente, os lançamentos aéreos seriam fundamentais para a sobrevivência.

Em uma carta a Roosevelt, Churchill descreveu o início da segunda campanha Chindit, em que duas brigadas de Penetração de Longo Alcance pousaram na selva em território inimigo, a 160 km da linha de frente. "Os primeiros pousos foram feitos por planadores, cujos ocupantes, então, prepararam as pistas para receber o transporte aéreo. De 6 a 11 de março, 7.500 homens, com todo o seu equipamento e mulas, desembarcaram com sucesso. As únicas baixas foram uns planadores, e alguns deles devem ser consertáveis.

Agora as brigadas começaram seu avanço, mas um pequeno grupo de defesa

Entrada bombardeada de um túnel onde soldados britânicos e indianos capturaram uma estrada importante.

ficou em uma das pistas para receber uma ala de Spitfires e um esquadrão de Hurricanes, que deveriam chegar para proteger a base e oferecer apoio aéreo.

O único contratempo grave ocorreu na primeira noite. Descobriu-se que uma das pistas na área norte foi obstruída pelos japoneses, e a superfície da pista restante era muito pior que o esperado, provocando acidentes que bloquearam a pista e impediram novos desembarques naquela noite. Alguns planadores tiveram de voltar no ar e não atingiram nosso território. Outra pista foi imediatamente preparada nessa área e estava pronta para pousos dois dias depois. O total de mortos, feridos e desaparecidos é de no máximo 145."

Em 25 de março, com poucas semanas da segunda campanha, Wingate morreu em um acidente aéreo. Mesmo assim, as técnicas de guerrilha nas quais foi pioneiro foram muito úteis aos britânicos.

A vida simples

"A vida dos Chindits era extremamente simples", recordou Rodney Tatchell, do Real Corpo de Engenharia. "Para preparar-se para dormir, o soldado simplesmente estendia uma lona, descalçava as botas, transformava a mochila e o 'Mae West' [colete salva-vidas inflável] em travesseiro e enrolava-se no cobertor. Levantar-se era apenas o procedimento inverso. Era comum passarem até três semanas sem a oportunidade de um banho completo de rio. De dezembro de 1943 a maio de 1944, nunca dormi em nada que não fosse o chão, com apenas o céu por cima – caso se pudesse vê-lo através do telhado da selva."

Em 13 de maio de 1944, a Coluna 47 foi emboscada em seu bivaque por uma patrulha da 53ª Divisão japonesa. Dois oficiais, um sargento-mor e seis soldados foram mortos. Outros 13 homens foram feridos, inclusive Harold Lambert, atingido na parte inferior da perna.

"Foi uma confusão dos diabos", recordou ele. "Alguns ainda dormiam, outros faziam chá quando o caos instalou-se. A princípio, não percebi que meu ferimento era grave. Eu estava mais preocupado com a mula que levava todo o dinheiro da coluna; ela ficou tão ferida que teve de ser morta. Um major tentou comandar um contra-ataque, mas quando se levantou caiu morto com uma bala na cabeça.

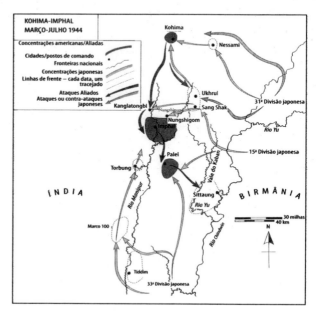

A Batalha de Kohima.

Então nos dispersamos mais para dentro da selva. Tive sorte de ainda conseguir andar, por assim dizer. Muitos japoneses foram mortos, e quando subimos uma encosta íngreme e atravessamos um rio perdemos montes de mulas, por quedas ou afogamento."

A coluna reagrupou-se rapidamente e logo fez contato com outra coluna das brigadas nigerianas mais a oeste. Finalmente, Lambert foi evacuado por uma aeronave leve, em uma pista de pouso às margens do lago Inawgyi.

Embora estivessem apenas levemente armados – sua maior arma eram metralhadoras médias e morteiros de três polegadas –, se necessitassem de algo mais poderoso só precisavam pedir à base aérea bombardeiros de mergulho, marcar o alvo com uma bomba de fumaça dos morteiros e Mustangs americanos causariam o caos entre os adversários.

Mais uma vez, os Chindits foram um incômodo que custou caro aos japoneses. A segunda expedição Chindit chegou apenas uma semana atrasada para impedir o ataque japonês a Imphal. No entanto, a primeira expedição pressionou o general de divisão Renya Mutaguchi a correr com os preparativos de um ataque à Índia. O resultado foi um caro fracasso.

Imphal e Kohima

Apesar dos reveses sofridos em outros pontos em 1944, os japoneses continuavam convencidos de que a Índia ainda poderia ser deles. Em março daquele ano, o Décimo Quinto Exército japonês, com efetivo de 155 mil homens sob o comando do general de divisão Mutaguchi, invadiu a fronteira indiana e seguiu para os postos avançados britânicos de Imphal e Kohima para um ataque em duas pinças.

Homens do Regimento do Oeste de Yorkshire e do 10º Regimento de Unidade Gurca avançam pela estrada Imphal-Kohima atrás de tanques Lee-Grant, março e abril de 1944.

Quando as intenções japonesas ficaram claras, as forças britânicas de Imphal foram rapidamente reforçadas pela 5ª Divisão indiana. Uniram-se a ela a 7ª Divisão indiana e outras brigadas perdidas que puderam ser reunidas. Até uma brigada de Chindits participou da batalha.

Os invasores japoneses logo ficaram sem equipamento porque suas linhas de suprimento eram longas e sujeitas a ataques. Cerca de metade dos suprimentos da campanha indiana nunca lhes chegou, graças a submarinos, bombardeiros e sabotadores britânicos e americanos.

Os japoneses foram apoiados em seu ataque pelo Exército Nacional Indiano, composto de nacionalistas indianos e ex-prisioneiros de guerra que tinham lutado pelos britânicos, comandados por Chandra Bose. Em 14 de abril de 1944, o ENI conseguiu içar, pela primeira vez, a bandeira tricolor indiana sobre o solo do país. Logo a artilharia japonesa estava firmemente entrincheirada no alto dos morros próximos, apontada para Imphal.

Quem controla Kohima controla o desfiladeiro

A aproximadamente 130 km de Imphal, Kohima ficava 1.500 m acima do nível do mar e controlava o desfiladeiro do vale do Assam. Para a defesa, estavam ali a 161ª Brigada indiana, composta pelo 4ª Regimento dos Royal West Kents, o 1/1ª Regimento do Punjabe e o 4/7ª de Rajput, com um contingente de infantaria

Um soldado indiano usa granadas de fumaça para tirar soldados japoneses de casamatas nos montes Maungdaw, durante o avanço do Décimo Quarto Exército, 1944.

de Assam e o Regimento de Assam, com soldados da 5ª e da 7ª divisões indianas trazidos pelo ar para reforçá-los depois. Um combate feroz explodiu entre os britânicos e japoneses em 23 de março. Às 4h da madrugada de 5 de abril, os japoneses conseguiram chegar aos arredores de Kohima. Sua meta era cortar a ligação entre Kohima e Imphal e depois cercar a cidade.

Uma das duas Cruzes da Vitória conferidas durante a Batalha de Kohima foi para o anspeçada John Harman, dos Royal West Kents. Quando avistou a guarnição de uma metralhadora leve japonesa tomar uma trincheira próxima ele correu mais ou menos 30 m naquela direção, lançou uma granada que matou os dois japoneses lá dentro e retornou à linha levando a arma capturada.

Dois dias depois, em 9 de abril, com tempo frio e úmido, ele repetiu seu espantoso desempenho, só que dessa vez havia cinco homens na trincheira com armas automáticas, e ele usou a baioneta fixa em vez de uma granada. Quando todos os inimigos estavam mortos, ele voltou andando à linha, ignorando os apelos dos camaradas para se proteger. Foi morto por uma rajada de fogo, dizendo: "Tenho de ir. Valeu a pena, peguei todos."

Enquanto isso acontecia, o cabo Taffy Rees ficou de pé, foi atingido duas vezes e rolou para a terra de ninguém. Outro soldado que tentou resgatá-lo foi atingido duas vezes por balas. Rees lá ficou, paralisado. Em seguida delirava, e durante oito horas gritou, berrou e chamou o pai e a mãe, rezando até morrer. Nada se pôde fazer por ele.

Jogo de apostas altas

Em 9 de abril, os defensores britânicos e indianos ficaram isolados. No dia seguinte seu depósito de suprimentos de campanha foi atacado pelos japoneses. No entanto, os britânicos foram ajudados pelos moradores locais da tribo Naga, que lhes levaram informações.

Em 13 de abril, o principal campo de batalha era o bangalô do comissário do distrito e sua quadra de tênis, que se tornou uma perigosa "terra de ninguém", com as linhas entrincheiradas dos dois lados lançando granadas sobre ele.

O diário de batalha do 4º Batalhão dos Royal West Kents diz em 13 de abril: "Os japas fizeram uma investida pesada sobre B Coy partindo do bangalô do CD e conseguiram penetrar em um galpão de um outeiro pequeno, mas importante, quando uma Bren [metralhadora] emperrou [...] Ten King restaurou a situação expulsando-os com granadas, mas só depois que o próprio artilheiro da Bren pegou uma pá e caiu sobre seus atacantes com ela."

No dia seguinte, o diário registra outro ataque, "repelido com muitas baixas do inimigo". Os defensores conseguiram receber um lançamento aéreo de água. Enquanto isso, o uso de bombas de fumaça pelos japoneses indicava que seu estoque de munição diminuía. Eles também eram golpeados por posições de artilharia a oeste de Kohima.

Os defensores tinham sido empurrados até uma ponte e eram atacados de todos os lados. Durante 16 dias do mês de abril de 1944 eles aguentaram, auxiliados por lançamentos de paraquedas e ataques aéreos ao inimigo. Em 20 de abril a ajuda finalmente chegou, sob a forma da 161ª Brigada de Infantaria indiana, que combatera desde Dimapur junto com a 2ª Divisão britânica. O ataque japonês não pôde se sustentar.

O motorista de tanque Herbert Adderley, do 149º Real Corpo Blindado, recordou a chegada a Kohima, conduzindo um tanque de vanguarda por trás das linhas inimigas. As guarnições de cinco tanques despachados anteriormente naquele mesmo dia tinham perecido todas depois que o oficial comandante entrara em pânico. O tanque de Adderley estava armado com uma submetralhadora Thompson que ninguém da guarnição sabia usar. O tanque logo foi atingido por fogo inimigo.

"Veio a ordem de cair fora", disse Adderley. "Pedi ao carregador que só abrisse a porta uns cinco centímetros para eu espiar. Ele baixou a maçaneta, o peso da porta escapou de seus dedos e ela se escancarou. Cristo Jesus. Duas trincheiras de japoneses estavam a uns 30 m, com as armas apontadas para nós. Esperavam que saíssemos pela torreta, onde ficaria o comandante. Isso nos deu alguns segundos. Apertei o gatilho [da submetralhadora], mas mal consegui segurá-la. Ela subia e descia como se estivesse viva, e era difícil de segurar, mas eles sumiram de vista. Saí daquele tanque que nem uma varejeira e fui para trás do blindado. O resto da guarnição veio atrás."

Ali perto, eles viram o corpo do oficial comandante. Adderley o virou e viu seus olhos começarem a tremeluzir.

Retirada japonesa

Então, a coluna avançou de Kohima a Imphal, apesar do clima de monções e da pouca visibilidade. Mas, os japoneses já tinham recebido ordens de abandonar a operação e estavam voltando à Birmânia, deixando para trás 3.800 mortos.

A limpeza de Kohima levou algumas semanas. Nesse período, continuaram os duelos de tiros e granadas. Baionetas e lança-chamas também foram usados.

A segunda Cruz da Vitória foi concedida ao capitão temporário John Randle, do 2º Batalhão do Real Regimento de Norfolk, que se recusou a ser evacuado mesmo estando ferido. Em 6 de maio, ele comandou seus homens em uma investida para capturar o topo de um morro e viu que uma fortificação vizinha continuava nas mãos dos japoneses. Diante do fogo inimigo, ele atacou a casamata, lançou uma granada lá dentro e jogou o corpo contra a abertura, para se assegurar de que todos lá dentro morreriam.

No ar, o Comando de Transporte Aéreo, que unia a RAF e a Força Aérea americana estava no máximo da capacidade,

> *Em julho, os japoneses saíram da Índia, perseguidos implacavelmente por exércitos e forças aéreas aliadas. Eles lutaram entre si por comida, arrancaram as botas dos doentes e afogaram-se, em grande número...*

pois sabia que a vida dos homens em combate dependia dele. Seus aviões também supriam o exército chinês, voando sobre a "corcova" – o Himalaia – em uma rota chamada de "Trilha do Alumínio", por estar coalhada de destroços.

Um relatório do Ministério da Defesa do Reino Unido estimou que 19 mil toneladas de suprimentos foram distribuídas pela RAF durante a Batalha de Kohima. Além disso, ela transportou para lá 12 mil homens e tirou de lá 13 mil baixas, além de 43 mil não combatentes. Também carregou 14 milhões de sacos de ração, 1.200 sacos de correspondência, 43 milhões de cigarros e 4,5 milhões de litros de gasolina.

Depois da retirada de Kohima, os soldados remanescentes foram enviados para Imphal, para um ataque que Mutaguchi chamou de "fazer ou morrer". E morreram aos magotes, entre as principais causas estando a falta de suprimentos. Enraivecido, o general Kotoku Sato telegrafou a seu superior: "A capacidade tática do estado-maior do Décimo Quinto Exército está abaixo da de cadetes." Ele começou a retirada para salvar os remanescentes de suas forças. Quando Mutaguchi começou a questionar os movimentos de sua tropa, Sato cortou os cabos de comunicação.

Fim do cerco

O cerco de Imphal foi rompido em 22 de junho, quando a estrada de Kohima finalmente ficou livre de forças inimigas. Agora os Aliados tinham tanques, enquanto os japoneses não possuiam armamento anticarro. Em julho, os japoneses saíram da Índia, perseguidos implacavelmente por exércitos e forças aéreas aliadas. Eles lutaram entre si por comida, arrancaram as botas de doentes e moribundos e afogaram-se, em grande número, na cheia do rio Chindwin. Os mais fracos foram abandonados para explodirem com granadas.

Cerca de trinta mil soldados japoneses, de uma força de 85 mil, foram mortos. Outros 23 mil ficaram feridos. Os homens de ambos os lados ficaram traumatizados com a sede, a fome e as doenças tropicais. Mas, para os soldados Aliados houve certo alívio em termos de água potável, comida e remédios lançados por aviões de transporte voando baixo, e isso se mostrou fundamental para a operação aliada que reconquistaria a Birmânia.

No ano seguinte, um exército de soldados britânicos, americanos, indianos, africanos e chineses perseguiu os japoneses na Birmânia, evitando engajamentos em grande escala e deixando as doenças tropicais fazerem seu serviço. No final de apenas dois meses, vinte mil dos 27 mil remanescentes pereceram. O número total de baixas aliadas no mesmo período foi de 95. Assim, o bombardeio das ilhas do arquipélago japonês transformou a Birmânia em um posto distante.

Capítulo 12

DE ILHA EM ILHA

Depois de Guadalcanal, a atenção americana voltou-se para Rabaul, a base japonesa mais importante da região.

Eles começaram um ataque em pinça, com o general MacArthur limpando a península de Huon, na Nova Guiné, enquanto o almirante Halsey avançava pelas Ilhas Salomão.

Quando conseguiram chegar a Rabaul, o local fora praticamente todo evacuado. Assim, eles contornaram o porto e foram em frente.

As Ilhas Aleutas

As Aleutas Attu e Kiska estavam ocupadas pelos japoneses desde junho de 1942. Em 11 de maio de 1943, a 7ª Divisão de Infantaria americana desembarcou em Attu em meio a bombardeios aéreos de aparelhos que decolavam de porta-aviões. Depois de duas semanas de tenaz resistência, os japoneses recorreram a cargas suicidas que destruíram dois postos de comando e uma enfermaria. No final, os americanos fizeram apenas 28 prisioneiros, e

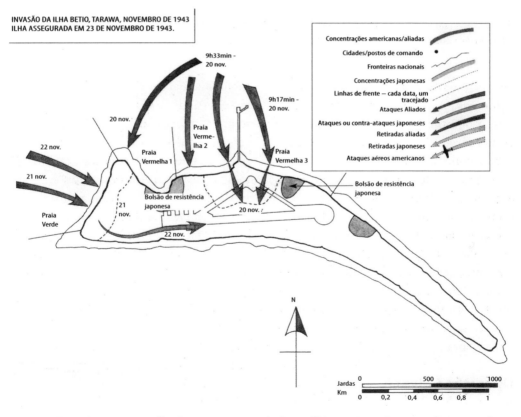

Quando desembarcaram na ilha Betio em seus veículos anfíbios, os americanos enfrentaram feroz resistência. Mais de seis mil japoneses, coreanos e americanos morreram na luta que se seguiu.

DE ILHA EM ILHA 175

Fuzileiros navais americanos da 2ª Divisão desembarcam na ilha Betio, Tarawa. A guarnição japonesa estava bem entrincheirada nas rochas da ilha e resistiria até o último homem.

encontrou-se um total de 2.351 cadáveres japoneses. As baixas americanas chegaram a 600 mortos e 1.200 feridos. Com certa apreensão, as forças americanas sob o comando do vice-almirante Thomas Kincaid tentaram assegurar Kiska, a princípio com bloqueio marítimo e bombardeios aéreos. No entanto, sob a proteção da neblina os japoneses evacuaram a ilha. Em 15 de agosto, 34 mil soldados americanos e canadenses fizeram um ataque anfíbio. Mais de cinquenta foram mortos em incidentes de fogo amigo antes que se verificasse que o inimigo tinha ido embora.

Operação Galvanic

Agora o alvo dos Aliados eram as ilhas Gilbert e Marshall, entre as Ilhas Salomão e o Havaí. A Operação Galvanic, com o duplo objetivo de Makin e Tarawa, começou em 20 de novembro de 1943, depois de um bombardeio abrangente de aviões e encouraçados.

Em Makin, uma força invasora de 6.472 homens derrotou 848 defensores em quatro dias. No atol de Tarawa, a situação foi bem diferente. Na ilha principal de Betio 4.500 soldados de elite japoneses tinham se entrincheirado em uma área do tamanho do Central Park de Nova York. O comandante japonês, contra-almirante Shibasaki Keiji, afirmou que nem um milhão de homens lançados contra eles durante cem anos conseguiria triunfar. A área foi saturada pelo bombardeio, mas suas posições fortificadas sobreviveram. Quando a 2ª Divisão de Fuzileiros Navais vadeou até terra firme, tantos foram derrubados que parecia que as forças americanas seriam lançadas

Imagem rara de prisioneiros japoneses, tirada na ilha Betio. A maioria dos soldados japoneses considerava a morte infinitamente preferível à desonra da rendição.

de volta no mar. No entanto, o colapso das comunicações impediu um contra-ataque total japonês na primeira noite. Por sua vez, isso permitiu aos fuzileiros estabelecer posições em terra. Os reforços acabaram vencendo os japoneses, que recorreram mais uma vez às cargas suicidas.

Os nipônicos foram praticamente dizimados, e os americanos perderam 1.009 mortos e 2.101 feridos.

Operação Flintlock

As próximas da fila eram as ilhas Marshall, confiadas ao Japão depois da Primeira Guerra Mundial. A força

Soldados americanos atacam posições japonesas em Kwajalein.

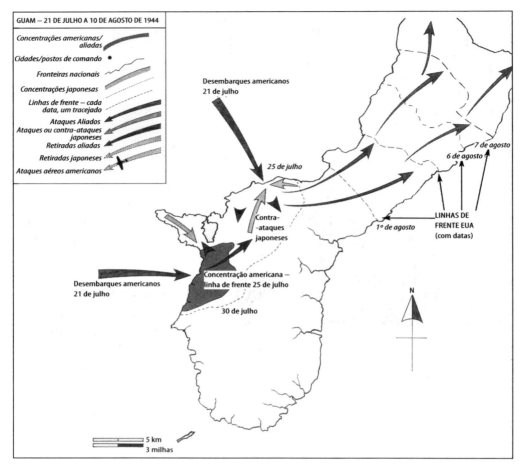

Desembarques em Guam, nas Ilhas Marianas.

invasora reunida na Operação Flintlock compunha-se de mais ou menos 85 mil homens e quase trezentas belonaves e lanchas de transporte e desembarque.

Em 30 de janeiro de 1944, começaram os desembarques em Kwajalein, o maior atol do mundo. Cerca de 36 mil granadas foram disparadas para preparar os desembarques. Em consequência, no final jaziam cerca de 8.400 japoneses, contra 500 americanos.

Outros atóis foram bombardeados e contornados. Em 23 de fevereiro, o atol de Eniwetok também caiu em mãos americanas. Truk, mais a oeste, nas Carolinas, foi o primeiro a ser atacado com bombardeio noturno usando radar. Depois de um bombardeio naval, os fuzileiros ocuparam o atol. A maioria de seus 3.500 defensores japoneses foi morta. Agora um campo de pouso estrategicamente útil estava em mãos americanas. Toda esperança dos japoneses de reforçar a ilha Wake ou os atóis contornados esvaiu-se. Muitos soldados das guarnições japonesas morreram de fome.

As Ilhas Marianas

As Marianas são um arquipélago de montanhosas ilhas no Oceano Pacífico Ocidental, dentre elas estão Tinian, Saipan e Guam. Apenas 1.900 km ao sul do Japão, sua importância estratégica era imensa. Com a captura das Ilhas Marianas, os americanos obteriam o controle de uma base aérea de onde poderiam atingir o Japão.

O primeiro alvo foi Saipan. A força-tarefa americana, com 800 navios e 28 submarinos, zarpou de Majuro, nas ilhas Marshall, em 6 de junho de 1944, animada pela notícia do desembarque na Normandia. A descida em Saipan estava marcado para o dia 15.

A Batalha de Saipan foi longa e difícil. Os fuzileiros foram reforçados pela 27ª Divisão de Infantaria do exército americano e, juntos, eles encurralaram os japoneses. Em 7 de julho, cerca de três mil japoneses se mataram em uma carga *banzai* que, inevitavelmente, ficou sem efetivo em 24 horas. Em 10 de julho, Saipan estava garantida.

Em Saipan havia um grande número de civis japoneses. Muitos se jogaram de penhascos com os filhos no colo. Nada conseguiu dissuadi-los. Dois de cada três

Bombardeiro B-17 da Força Aérea americana em missão de bombardeio sobre as Ilhas Salomão para preparar o ataque americano à Nova Guiné, em outubro de 1942.

DE ILHA EM ILHA 179

civis na ilha preferiram morrer. No total, cerca de 29 mil nipônicos pereceram, enquanto 16.525 americanos foram mortos e feridos.

A Batalha do Mar das Filipinas

Enquanto o combate desenrolava-se em Saipan, a maior batalha de porta-aviões da guerra era travada no mar. A Primeira Frota Móvel japonesa, comandada pelo vice-almirante Jizaburo Ozawa, enfrentou a Quinta Frota dos EUA, sob comando do almirante Raymond A. Spruance.

Os japoneses tinham esperanças de destruir um terço das embarcações americanas com seus submarinos e os aviões baseados em terra. Essa ambição frustrou-se quando 17 dos 25 submarinos japoneses foram afundados e as pistas reservadas para a ação de decolagem foram destruídas por bombas.

A princípio, Ozawa obteve a vantagem, porque os americanos não tinham ideia de onde ele estava. Mas quando interrompeu o silêncio no rádio para ordenar bombardeios aéreos, a frota americana foi capaz de enviar aviões suficientes para frustrar o ataque. Apenas 130 das 373 aeronaves não foram destruídas. Juntamente com outras cinquenta perdidas em Guam, essa foi a "Grande Caça ao Peru das Ilhas Marianas". Simultaneamente, os japoneses também perderam os porta-aviões *Taiho* e *Shokaku*, atingidos por torpedos.

Então, a Força-Tarefa 58, sob o comando do vice-almirante Marc Mitscher, perseguiu a frota japonesa e executou um ataque aéreo a partir de porta-aviões que atingiu o porta-aviões *Hiya* e avariou outros dois. Prejudicados pela falta de combustível e pelo céu fechado, cerca de oitenta aeronaves americanas tiveram dificuldade de retornar, embora a maioria dos tripulantes tenha se salvado. No entanto, os japoneses ficaram com apenas 35 aviões em seus navios.

Guam

Em 21 de julho, a 3ª Divisão de Fuzileiros Navais e a 1ª Brigada de Fuzileiros Navais da Força Expedicionária Conjunta do general Turner desembarcaram em Agat e Asan, em Guam, respectivamente ao norte e ao sul da península de Orote. Mais uma vez, desembarques relativamente fáceis foram seguidos por luta selvagem contra um inimigo fanático, bem entrincheirado nas encostas e no terreno acidentado da ilha. A batalha terminou com as já conhecidas cargas *banzai*, nas quais os defensores da guarnição de 18 mil homens preferiram sacrificar a vida a se render. Embora a resistência terminasse em 10 de agosto, os últimos soldados japoneses em Guam, escondidos no terreno acidentado do norte da ilha, só se renderam totalmente em 1972, 28 anos depois.

O bombardeio do Japão

Os americanos construíram rapidamente pistas de pouso nas Ilhas Marianas e, em 4 de fevereiro de 1945, setenta Superfortalezas Boeing B-29 lançaram 160 toneladas de bombas incendiárias na cidade de Kobe. A maioria dos prédios, feita de madeira, pegou fogo instantaneamente.

Tratamento semelhante foi dado a Tóquio em 25 de fevereiro, quando 450 toneladas de bombas incendiárias destruíram estimadas 28 mil edificações.

Em março, os bombardeiros chegaram à noite, em altitude mais baixa, e criaram tempestades de fogo semelhantes às vistas nas cidades alemãs. Os habitantes morreram aos milhares, e o terror entre os sobreviventes foi imenso. O jornalista Masuo Kato, recordou o sobrinho Kozo Ishikawa, "tinha fé inabalável na vitória japonesa. Em seu pequeno mundo, era impensável que os exércitos do Imperador fossem derrotados ou que a marinha japonesa tivesse outro destino que não fosse a vitória gloriosa.

Depois que sua casa foi totalmente queimada em um ataque de B-29 que destruiu quase todas as coisas materiais conhecidas que tinham formado sua existência, ele me disse com grande seriedade: 'Não podemos vencer o B-29.'"

Ele adoeceu e morreu pouco depois do fim da guerra, segundo os médicos de colapso nervoso.

Os ataques continuaram na primavera de 1945. Quando Tóquio foi arrasada, o general de brigada Curtis Le May voltou sua atenção para outras cidades, frequentemente lançando folhetos para avisar do ataque iminente, baixando ainda mais o moral da população faminta e cada vez mais desesperada.

O USS *Bunker Hill* escapa de uma bomba japonesa durante os ataques aéreos de 19 de junho de 1944. O avião japonês, com a cauda atingida, está prestes a cair, à esquerda.

A guerra sob o mar

Além de atacar belonaves japonesas, os submarinos americanos também alvejavam navios mercantes para privar a máquina de guerra do Japão de matérias-primas. No começo de 1944, os japoneses tinham à disposição uma marinha mercante de 4,1 milhões de toneladas, sem contar navios-tanques. No final do ano, ela se reduzira a menos da metade. Em setembro daquele ano, navios-tanques totalizando cerca de setecentos mil toneladas transportavam petróleo pelo Império. Quatro meses depois, a tonelagem reduzira-se a duzentos mil. Em 1945, o suprimento de petróleo que chegava ao Japão era quase inexistente, o que paralisou a economia e o esforço de guerra.

Os japoneses também tinham submarinos, mas seu uso se restringia a ataques no litoral da Austrália e dos Estados Unidos. Mais tarde, estes foram usados para transportar homens e suprimentos até a frente de batalha, em vez de atacar o inimigo. Durante a guerra, os Estados Unidos perderam 52 submarinos de uma força de 288, enquanto as baixas japonesas chegaram a 128 submarinos de um total de 200.

A Batalha do Golfo de Leyte

A invasão das Filipinas estava marcada para 20 de outubro de 1944 e essa era uma questão de alegria pessoal para o general MacArthur, expulso de forma ignominiosa daquele lugar no começo do ano. Mas antes, Peleliu (nas ilhas Palau), no caminho das Filipinas, teria de ser tomada.

Os americanos acreditavam que a ilha tinha leves defesas. Assim pareceu quando os fuzileiros desembarcaram em 12 de setembro de 1944. Depois que estavam em terra, os japoneses ofereceram resistência tenaz. Uma semana depois, o efetivo de combate do 1º Regimento de Fuzileiros Navais reduzira-se à metade, e as baixas do 5º e do 7º correspondiam a mais de quatro homens de cada dez mandados à terra. Cerca de 12 mil japoneses morreram. Peleliu media apenas 9 km de comprimento por 3 km de largura, e tinha valor estratégico questionável.

No entanto, agora a intenção dos Estados Unidos estava clara. A essa altura o Japão só dispunha dos remanescentes da bela esquadra antiga e os sobreviventes de mais sorte de seu braço aéreo. No entanto, a meta era atacar a frota invasora quando os homens desembarcassem no Golfo de Leyte. Para isso, metade da força de ataque comandada

O cargueiro japonês *Nittsu Maru* afunda no Mar Amarelo, ao largo da China, em 23 de março de 1943. Fotografia tirada pelo periscópio do USS *Wahoo* que o torpedeou.

pelo vice-almirante Takeo Kurita deveria se aproximar pelo norte da área do alvo, enquanto o resto viria do sul. Ao mesmo tempo, outra flotilha, comandada pelo almirante Ozawa, atrairia os navios americanos à ação, para que estivessem longe demais para auxiliar a força invasora em Leyte. A operação foi intitulada *Sho-Go*, ou "Vitória".

E fracassou porque dois submarinos americanos avistaram a força de Kurita na passagem de Palawan. Para poupar combustível, ele interrompera o costumeiro zigue-zague dos navios japoneses. Nas primeiras horas do dia 23 de outubro, torpedos americanos afundaram dois cruzadores pesados e provocaram avarias graves em um terceiro.

Batalha do Mar de Sibuyan

Em 24 de outubro, aeronaves da Força-Tarefa 38 (3ª Frota) descobriram as forças de Kurita no mar de Sibuyan. A primeira onda de aviões americanos foi rechaçada por aviões japoneses e pelo fogo antiaéreo dos navios.

As naus capitânias japonesas *Musashi* e *Yamato* foram atingidas por uma série de torpedos e bombas durante esse encontro, mas continuaram navegando. Então, enquanto o bombardeio continuava, o Musashi foi gravemente atingido e afundou no oceano, vítima de 20 torpedos e 17 bombas.

O *Kurita* reverteu o curso e fez os pilotos americanos pensarem que saía totalmente da batalha.

Bombardeiros japoneses baseados em terra vingaram-se, atingindo o porta-aviões *Princeton* e avariando um cruzador e cinco contratorpedeiros. Então, o logro armado pela coluna da marinha japonesa comandada por Ozawa – atrair a 3ª Frota para longe de Leyte – começou. Halsey mordeu a isca. Agora os japoneses poderiam executar um movimento em pinça e destruir as forças no Golfo de Leyte, que tinham todos os canhões apontados para a terra.

No entanto, na noite de 24 de outubro, uma das pinças da força de ataque japonesa encontrou seis encouraçados americanos, quatro cruzadores pesados e quatro leves, acompanhados por contratorpedeiros, enfileirados ao longo do estreito de Surigao. Na batalha que se seguiu, o vice-almirante Shoji Nishimura, comandante japonês, foi morto e sua nau capitânia *Yamashiro*, afundada. Apenas dois navios da força de Nishimura não foram destruídos.

> *Uma semana depois, o efetivo do 1º Regimento de Fuzileiros Navais reduzira-se à metade, e as baixas do 5º e do 7º correspondiam a mais de quatro homens de cada dez mandados à terra.*

A segunda pinça, comandada por Kurita, escapuliu sem ser notada pelo estreito de San Bernardino até o mar das Filipinas, protegida pela escuridão. Aproximadamente 24 km à frente, havia seis porta-aviões de escolta. A batalha começou ao largo da ilha de Samar nas primeiras horas de 25 de outubro.

Kurita afundou dois porta-aviões Aliados e três contratorpedeiros, mas depois se afastou quando contra-ataques o fizeram acreditar que a força reunida contra ele era maior do que era na realidade. Caso tivesse ficado, Kurita talvez conseguisse destruir o maior desembarque anfíbio no Pacífico até então.

Halsey enviou uma força-tarefa, embora chegasse tarde demais para ajudar. Mas, na batalha subsequente do cabo Engamo, Halsey destruiu quatro porta-aviões e um contratorpedeiro.

Para os americanos, a Batalha do Golfo de Leyte foi um sucesso, e sua supremacia marítima estava agora assegurada, enquanto a Marinha Imperial japonesa, antes considerada invencível, não tinha mais capacidade de proteger as ilhas de seu país.

Em terra, a invasão de Leyte começou em 20 de outubro. Quinhentos navios das forças de ataque desembarcaram 202.500 soldados. Em quatro dias, duas bases aéreas importantes caíram, mas como as pistas estavam avariadas, só em 3 de dezembro os Hellcats F6F-3N do Corpo de Fuzileiros Navais puderam usá-las para dar cobertura aérea aos combatentes.

Enquanto isso, a guarnição de Leyte era reforçada pelos japoneses, e os quinze mil defensores tornaram-se sessenta

Porta-aviões japonês *Zuikaku* (ao centro) e dois contratorpedeiros sob ataque de aviões da Marinha dos EUA, em 20 de junho de 1944. Embora atingido por várias bombas durante esse ataque, o *Zuikaku* não afundou.

mil. Os americanos foram retardados ainda mais pelas chuvas da estação. No entanto, os japoneses não conseguiram virar a maré, pois as ações navais estadunidense contra os navios vindos de Manila fizeram com que os suprimentos logo se esgotassem.

Já em meados de novembro, o comandante japonês, general Yamashita, admitiu que Leyte estava perdida e que Luzon, a ilha vizinha maior, logo se perderia também, embora suas ações defensivas conseguissem atrasar o ataque a Luzon até 9 de janeiro.

A invasão americana, que abordou Luzon em Lingayen, mesmo lugar onde os japoneses tinham desembarcado, foi submetida a ataques suicidas de pilotos camicases.

O vento divino

A palavra "camicase" se traduz como "vento divino" e faz referência ao tufão que impediu a invasão do Japão pelo chefe guerreiro mongol Gêngis Khan, em 1281. Na guerra do Pacífico, os camicases transformaram a si e a seus aviões em uma arma poderosa. Seu lema era: "um avião, um navio".

Quando percebeu que uma imensa frota americana seguia para as Filipinas, o vice-almirante Takijirio Onishi soube que, se aquele arquipélago caísse, o próximo passo seriam as ilhas do Japão. Apelidado de "pai dos camicases", ele explicou a seus soldados: "Só há uma forma de canalizar nossa força escassa com a máxima

Tripulantes do condenado porta-aviões *Zuikaku* dão um último grito de *banzai* depois que a Insígnia Naval japonesa foi baixada, na tarde de 25 de outubro.

Pilotos camicases ouvem o discurso final de um oficial superior antes de embarcarem em sua viagem só de ida.

eficiência: organizar unidades de ataque suicida compostas de caças Zero equipados com bombas de 250 quilos, e cada avião lançar-se contra um porta-aviões inimigo."

Antes do fim da guerra, de quatro a sete mil pilotos japoneses, a maioria entre 20 e 22 anos, embora alguns tivessem 17, fizeram operações sem volta. De acordo com os registros Aliados, a campanha camicase destruiu 34 porta-aviões de escolta e outros 288 navios ficaram gravemente avariados. O número de mortos entre os militares Aliados chegou a mais de três mil, e o dobro disso se feriu.

Por maior que fosse o entusiasmo do camicase no cumprimento da tarefa, ele ainda era acorrentado à cabine e drogado antes de decolar, para impedir que a ânsia natural de autopreservação o dominasse. Aqueles decididos a morrer tinham a esperança de obter glória para si e para sua família. Entre os colegas pilotos, eles eram chamados de "Filhos do Céu" ou de "deuses sem desejos terrenos". Em sua úl-

Convés de voo do porta-aviões *Bunker Hill*, enquanto a tripulação combate o incêndio causado por ataques camicases ao largo de Okinawa, em 11 de maio de 1945.

DE ILHA EM ILHA   187

Tanques americanos seguem para a praia, saídos de um navio de desembarque de tanques no golfo de Lingayen, em Luzon, em janeiro de 1945.

tima carta, um deles escreveu: "Quando souberem que morri depois de afundar um navio inimigo, espero que tenham belas palavras a dizer sobre minha morte corajosa."

Todos usavam uma echarpe branca amarrada com um nó no pescoço, uma faixa na cabeça que recordava aquela usada na época em que a classe de guerreiros samurais dominava e um pedaço de pano cosido com cabelo de mil mulheres para dar sorte.

Em último caso, a rendição do imperador libertou os camicases sobreviventes de seu juramento de morte. Então, Onishi matou-se com o haraquiri tradicional, perfurando o próprio abdome com uma espada.

Depois que Leyte foi capturada, a ilha de Mindoro caiu em poucos dias. Mas, durante a invasão de Luzon 16 navios foram perdidos em um único dia com ataques camicases. O cruzador *Austrália* foi atingido cinco vezes em quatro dias, mas permaneceu em ação.

Em outros lugares, a marinha americana não foi molestada e, em janeiro, espalhou-se das Filipinas até o Mar da China Meridional, atingindo alvos tão distantes quanto Saigon e Hong Kong.

As numerosas forças japonesas em Luzon foram atacadas não só pelos americanos mas também por guerreiros filipinos, que arriscaram muito para participar da batalha de libertação. Isso aconteceu tarde demais para impedir que prisioneiros de guerra americanos fossem enviados para o Japão. Seus navios foram submetidos a ataque aéreo. Dois deles afundaram, e pelo menos mais um foi gravemente avariado por uma granada que matou dezenas de prisioneiros amontoados no porão em condições já apavorantes.

Manila foi libertada das forças japonesas em combate casa a casa. Quando a cidade caiu em mãos americanas, em 4 de março de 1945, 16 mil japoneses estavam mortos. Foram necessários vários meses para vencer os defensores japoneses nas outras ilhas Filipinas importantes. Só em 2 de setembro, muito depois de frustradas todas as esperanças realistas de vitória, Yamashita finalmente se rendeu, juntamente com cerca de cinquenta mil homens, todos próximos de morrer de fome.

Iwo Jima e Okinawa

A estratégia americana de ilha em ilha continuou, e o próximo alvo foi Iwo Jima, a 1.050 km de Tóquio. A ilha tinha apenas 8 km de comprimento e 4 km de largura. Estava atulhada de combatentes japoneses veteranos, com ordem de lutar até a morte. Os reforços estavam profunda-

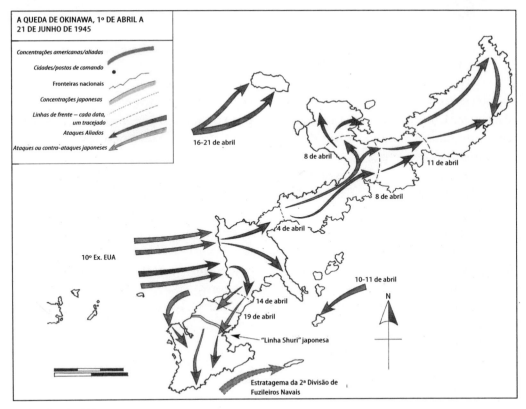

A Batalha de Okinawa.

Fuzileiros Navais americanos da 4ª Divisão protegem-se do fogo inimigo nas praias de Iwo Jima, em 19 de fevereiro de 1945. Um encouraçado e veículos anfíbios americanos estão encalhados na praia.

mente entrincheirados na macia rocha vulcânica. Um dos labirintos tinha 23 m de profundidade e podia abrigar dois mil soldados. Eles estavam armados com artilharia média e pesada, baterias antiaéreas, metralhadoras leves e pesadas, morteiros e tanques.

Durante vários meses antes da invasão, a ilha foi bombardeada por aviões que decolavam de porta-aviões e por canhões navais. Mas isso teve pouco efeito sobre os defensores subterrâneos.

Na manhã de 19 de fevereiro de 1945, uma armada de 450 navios da 5ª Frota dos Estados Unidos reuniu-se em Iwo Jima. Um total de 482 lanchas de desembarque sortidas levaram para terra os homens de oito batalhões de fuzileiros navais americanos, e a primeira onda chegou à praia por volta das 9h da manhã. Eles desembarcaram quase sem oposição. Só depois de transpostas as primeiras dunas os soldados foram derrubados pelo fogo de franco-atiradores japoneses escondidos em cavernas. Cada soldado japonês estava encarregado de matar dez americanos. No primeiro dia, 566 fuzileiros navais americanos morreram ou ficaram à beira da morte. No entanto, cerca de trinta mil desembarcaram até o fim do dia, já com vantagem numérica sobre os japoneses.

Mas, os fuzileiros permaneceram presos a uma pequena cabeça de praia, sob fogo quase perpétuo. Logo os japoneses viram-se com escassez de munição e água doce.

Fuzileiros navais americanos erguem a bandeira nacional no cume do monte Suribachi. Estritamente falando, este não foi o primeiro "içamento da bandeira", mas uma encenação para o fotógrafo Jack Rosenthal. A imagem tornou-se o símbolo da vitória americana no Pacífico, embora houvesse muito mais combates a travar, mesmo em Iwo Jima, antes que os japoneses finalmente se rendessem.

Sobe a bandeira

Na manhã de 23 de fevereiro, os fuzileiros navais da Companhia E do 2º Batalhão sobreviveram à traiçoeira escalada até o alto do monte Suribachi, um vulcão extinto que, com 168 m de altitude, é o ponto culminante de Iwo Jima para desfraldar uma pequena bandeira americana. Duas horas depois, quando a encosta finalmente foi limpa, uma bandeira maior, com 2,4 m de comprimento, trazida de um navio de desembarque de tanques, foi içada por cinco fuzileiros e um paramédico hospitalar da marinha. Esse momento famoso foi registrado pelo fotojornalista Joe Rosenthal, e rendeu-lhe um Prêmio Pulitzer. Três dos seis homens na foto morreram mais tarde na ilha. Há uma escultura da cena em tamanho natural em um memorial de guerra, em Washington.

Mais tarde, os fuzileiros navais voltaram para eliminar com lança-chamas os japoneses nos túneis e cavernas. Cerca de vinte mil morreram em combate até a ilha ser assegurada em 26 de março. Outros mil foram aprisionados, enquanto 6.820 fuzileiros navais morreram e 19.200 ficaram feridos.

De acordo com a Associação de Veteranos de Iwo Jima, cerca de um terço de todos os fuzileiros mortos em ação na Segunda Guerra Mundial caiu na ilha, e 27 Medalhas de Honra do Congresso foram conferidas por ações naquele campo de batalha.

O passo seguinte era Okinawa, no arquipélago de Ryukyu. A batalha ali começou em 26 de março de 1945, quando as pequenas ilhas ao largo de Okinawa foram atacadas para servir de base na campanha. O ataque anfíbio à ilha principal aconteceu em 1º de abril, e a luta durou até junho.

Avião camicase japonês em chamas no convés de um porta-aviões americano, possivelmente o USS *Enterprise*, maio de 1945.

Em Okinawa, um defensor japonês ferido sai de uma casamata para se render a soldados americanos.

O maior número de navios envolvidos em operações no Pacífico, quase 1.500, reuniu-se para esta operação, e o efetivo aliado foi de aproximadamente meio milhão de homens. Embora os desembarques quase não enfrentassem oposição, ataques camicases à frota invasora afundaram 25 navios e avariaram outros 165.

O *Yamato*, o maior encouraçado construído, foi mandado na missão sem volta de encalhar em Okinawa como plataforma estática de artilharia. Entretanto, sem proteção aérea, o navio naufragou a 320 km do destino.

Os 77 mil soldados do Trigésimo Segundo Exército japonês, juntamente com os homens, mulheres e crianças da milícia da ilha, detiveram os americanos na linha Shuri, que recebeu o nome de um antigo castelo próximo. No final de maio, os japoneses recuaram para posições mais ao sul. Os americanos ainda foram retardados pela defesa fanática e pelas péssimas condições climáticas. Os folhetos que instavam os defensores a renderem-se pouco efeito tiveram.

Em 21 de junho, depois de desprezar a oferta americana de rendição para evitar mais perdas desnecessárias de vidas, o general de divisão Mitsuri Ushijima e seu chefe do estado-maior ajoelharam-se na frente do quartel-general e cometeram haraquiri. A ordem final foi que os homens passassem à guerrilha. Eles continuaram lutando até o fim do mês, quando cerca de 7.400 entregaram-se, a primeira vez na história que japoneses renderam-se em grande número.

Pelo menos 110 mil soldados japoneses estavam mortos, e houve grande número de baixas civis. Para os Aliados, foi a operação mais custosa do Pacífico, com aproximados meio milhão de homens envolvidos na luta. As forças terrestres americanas tiveram baixas de 7.203 mortos e 31.807 feridos. A marinha teve um saldo de cerca de cinco mil mortos e um número semelhante de feridos.

O Japão perdeu toda a sua marinha e, durante a Batalha de Okinawa, 7.800 aeronaves japonesas foram destruídas, levando consigo 763 aviões Aliados. Agora o Japão estava exposto. Não havia defesa contra os bombardeios contínuos da Força Aérea americana, e as frotas britânica e americana que cercavam as ilhas podiam alvejá-las à vontade.

Capítulo 13
FIM DE JOGO

Na primavera de 1945, o Japão perdeu a guerra do Pacífico. Mas, assim como alemães leais lutaram nas ruas de Berlim nas últimas horas do Terceiro Reich, as reservas japonesas sem dúvida lutariam muito e longamente para defender de invasores o coração do império. Cerca de 5.300 aeronaves tinham sido mantidas no arquipélago do Japão para ataques camicases, e 3.300 barcos suicidas estavam sendo carregados de explosivos para receber a força inimiga.

Ainda assim, os planos preparados para a invasão do país envolviam cinco milhões de soldados Aliados. A Operação Olympic, nome dado ao ataque a Quiuxu, foi marcada para começar em 1º de outubro de 1945. Uma segunda operação, chamada de Coronet, daria o golpe final nos primeiros meses do ano seguinte.

O fim da guerra na Europa libertaria muitos soldados para a tarefa. No entanto, ainda eram necessários recursos para os britânicos que lutavam no sudeste da Ásia e para os americanos nas Filipinas.

Em 12 de abril de 1945, o presidente Roosevelt morreu, e Harry S. Truman tornou-se presidente. Ele ordenou outra revisão dos planos de invasão. Foi feita a pergunta: com probabilidade contrária tão grande, o Japão render-se-ia? Muitas cidades já estavam em ruínas devido ao bombardeio estratégico incessante dos B-29. O bloqueio submarino privara a

O marechal Josef Stalin, o primeiro-ministro Winston Churchill e o presidente Truman com assessores à mesa de reuniões de Potsdam, julho de 1945.

O bombardeiro americano B-29, que lançou a primeira bomba atômica em Hiroxima, durante a Segunda Guerra Mundial, hoje está na Base Aérea Roswell, do exército, no Novo México.

ilha das matérias-primas necessárias para continuar a luta. Os aviões camicases não conseguiriam decolar sem combustível. Na verdade, o exército e os civis rebeldes não poderiam lutar sem comida e a escassez já era crônica no Japão nos primeiros meses de 1945. Alguns generais de alta patente acreditavam que a capitulação era apenas questão de tempo, e que a estimativa de um milhão de baixas aliadas fora extremamente exagerada.

Doze dias depois de assumir o cargo, o presidente Truman foi informado da bomba atômica desenvolvida sob grande sigilo em Los Alamos, no Novo México. Já em 1904 descobrira-se que o decaimento de elementos radioativos liberava grande quantidade de energia. Então, os físicos buscaram controlar essa energia. Muitos envolvidos eram judeus que fugiram do continente europeu com a ascensão de Hitler. Eles começaram a trabalhar em uma bomba atômica, primeiro na Grã-Bretanha, depois nos Estados Unidos.

Churchill deu seu consentimento para que a bomba fosse usada contra o Japão já em 4 de julho, antes mesmo que fosse testada. Mais tarde, ele explicou suas razões: "Evitar um massacre imenso e indefinido, dar fim à guerra, dar paz ao mundo, lançar mãos curadoras sobre seus povos torturados com uma manifestação de poder avassalador ao custo de algumas explosões parecia, depois de tanta labuta e tantos riscos, um milagre do desenvolvimento."

A detonação da primeira bomba de plutônio aconteceu em Alamogordo, em 16 de julho de 1945. No dia seguinte, os vitoriosos da guerra europeia encontraram-se em Berlim, no subúrbio de Potsdam. Na conferência, Truman revelou a Stalin a existência da bomba. Nesse momento, a União Soviética não declarara guerra ao Japão, e enviados japoneses tinham feito sondagens de paz por meio de diplomatas russos, mas Stalin deixou de dizer que vinham do mais alto nível.

Lançamento de Little Boy

Quase antes de assentar a poeira do teste, a primeira bomba de urânio, apelidada de "Little Boy", foi embarcada em São Francisco no USS *Indianapolis*, navio que aca-

Oficiais Aliados olham as ruínas de Hiroxima depois do lançamento da bomba atômica.

bara de sofrer reparos causados por um camicase em Okinawa. O cilindro que continha a bomba foi soldado ao convés para a longa viagem até Tinian. Depois de zarpar do litoral americano em 16 de julho, o navio levou dez dias para terminar a viagem até seu destino no Pacífico.

Quase ninguém a bordo, a não ser pouquíssimos escolhidos, conhecia a natureza da carga. O desastre que poderia ter acontecido, logo ficou muito claro. Três dias depois de a bomba ser retirada, o navio foi torpedeado por um submarino japonês.

Em 6 de agosto, a Operação Centerboard entrou em ação. No início da manhã, o B-29 *Enola Gay* da Força Aérea americana, levando a bomba atômica sob o comando do coronel Paul W. Tibbets, decolou de Tinian. Algumas horas mais tarde, a arma apavorante que produzia uma explosão equivalente a vinte mil toneladas de TNT foi lançada em Hiroxima. Em um raio de três quilômetros do epicentro da explosão, tudo foi vaporizado. O incêndio subsequente foi tão imenso que o artilheiro de cauda do *Enola Gay* exclamou: "Meu Deus, o que fizemos?"

Outro tripulante, o sargento George Caron, descreveu a nuvem fatal em forma de cogumelo que viu se formar lá embaixo: "Parece uma massa de melado fervente. O cogumelo está se espalhando. Deve ter uns dois ou três quilômetros de largura, uns oitocentos metros de altura. Não para de crescer. Está quase no nosso nível e continua subindo. É muito preto, mas a nuvem tem um tom arroxeado. A base do cogumelo parece uma nuvem muito pesada cortada por labaredas."

Em um instante, o custo foi de 78 mil mortos, segundo estimativas. Outros milhares foram feridos quando a onda de choque espalhou-se pela cidade, logo seguida por uma tempestade de fogo, e muitos desses morreriam devido aos horríveis ferimentos. O efeito devastador da radiação seria sentido durante anos a fio. Uma cidade de noventa mil edificações foi reduzida a apenas 28 mil, e o formato da guerra mudou para sempre. Não havia distinção nenhuma entre alvos civis e militares. Tudo foi eliminado por um letal vento nuclear, como os cientistas, militares e políticos sabiam que seria.

Do ponto de vista aliado, a rendição incondicional que exigiam ainda não estava próxima. A União Soviética declarou guerra ao Japão em 8 de agosto. No dia seguinte, uma segunda bomba atômica foi lançada em Nagasaki pelo B-29 *Bockscar*, e cerca de 39 mil pessoas morreram. O Japão não poderia suportar mais nenhuma retaliação implacável dos Aliados.

No dia seguinte, tarde da noite, depois de conversações do gabinete sobre a crise, os japoneses aceitaram os termos de rendição, "com o entendimento que não envolvem nenhuma exigência que prejudique as prerrogativas do Imperador como governante soberano".

Rendição

Os soldados japoneses tinham partido para a guerra em 1941 com opiniões exageradas e irreais sobre sua capacidade de vencer. Os combatentes que partiam do Japão receberam um livreto que lhes explicava a natureza de seus inimigos.

"Os ocidentais", dizia o texto, "por serem um povo muito superior, efeminado e covarde, têm intenso desagrado pela luta na chuva ou no meio da noite. A noite, especificamente (embora seja excelente para dançar), eles não conseguem conceber como horário apropriado para a guerra. Aí, caso a aproveitemos, está nossa grande oportunidade."

Mais tarde, em um panfleto chamado "A psicologia do indivíduo americano", distribuído pelos soldados japoneses, eles aprenderam mais sobre os norte-americanos. "São mentirosos experientes e aceitam lisonjas e propaganda. Seus desejos são muito materialistas. Entram em combate sem incentivo espiritual e baseiam-se na superioridade material."

No entanto, em 1945 os japoneses aprenderam outras lições. Seu sonho de um vasto império, a Grande Esfera de Prosperidade Conjunta do Leste da Ásia, jazia em farrapos. Sua marinha não era invencível e seu exército podia ser derrotado, apesar da tenacidade dos soldados. A população japonesa, no arquipélago nacional, em campos de prisioneiros e lutando nos territórios ocupados baixou a cabeça ao ouvir o imperador falar aos súditos pelo rádio em 14 de agosto. Era a primeira vez que ouviam sua voz.

Ele disse ao povo que devia "suportar o insuportável e tolerar o intolerável". Ele não falava dos efeitos colaterais da bomba atômica, mas da rendição. Mesmo então, alguns integrantes do governo abrigavam

Em 2 de setembro de 1945, Mamoru Shigemitsu, representante japonês e ministro do Exterior perneta, vestido de fraque e cartola, assinou a rendição a bordo do encouraçado USS Missouri...

esperanças de uma derrota honrosa e invadiram o palácio do imperador na tentativa de deter o processo de rendição. Foram rechaçados pela guarda leal do imperador.

A vitória sobre o Japão aconteceu no dia 15 de agosto, com comemoração no mundo inteiro. Entre as mais sinceras estava a dos cidadãos americanos de origem japonesa, presos em campos cercados por arame farpado desde a deflagração da guerra, como possível ameaça à segurança nacional.

Em 2 de setembro de 1945, Mamoru Shigemitsu, representante japonês e ministro do Exterior perneta, vestido de fraque e cartola, assinou a rendição a bordo do encouraçado USS *Missouri*, na baía de Tóquio. Um de seus assessores perguntou ao general MacArthur:

"– O senhor visitará o imperador?

– Não – respondeu ele: – O imperador virá a mim."

E foi o que ele fez dali a alguns dias, e disse a MacArthur:

"– Vim ao senhor [...] me oferecer ao julgamento das potências que o senhor representa como único responsável por todas as decisões políticas e militares tomadas e pelas ações executadas por meu povo na condução da guerra."

Assinatura dos documentos de rendição a bordo do USS *Missouri*, 2 de setembro de 1945, que deram fim à Segunda Guerra Mundial.

No entanto, ele não foi acusado de crimes de guerra, questão que provocaria controvérsia durante anos. Mas, achava-se provável que houvesse uma insurreição armada caso a posição do imperador corresse riscos.

Julgamentos de crimes de guerra

Winston Churchill não era a favor do julgamento de crimes de guerra depois da Segunda Guerra Mundial. Ele achava que a cúpula nazista deveria ser simplesmente executada. No entanto, na conferência realizada em Ialta, em fevereiro de 1945, a Grã-Bretanha, os Estados Unidos e a União Soviética concordaram em processar os líderes nazistas e outros criminosos de guerra.

Em agosto de 1945, a conferência de Londres criou o Tribunal Militar Internacional, que recebeu autoridade para indiciar acusados de três tipos de crime: crimes contra a paz (ou seja, planejar e começar guerras de agressão), crimes contra a humanidade (genocídio, extermínio e deportação) e crimes de guerra (isto é, violação das leis da guerra). Cada uma das quatro Grandes Potências – Grã-Bretanha, Estados Unidos, União Soviética e França – forneceria um juiz e um promotor.

O Tribunal Militar Internacional reuniu-se pela primeira vez em 18 de outubro de 1945, no prédio do Supremo Tribunal de Berlim. A primeira sessão foi presidida pelo integrante soviético, general Iola T. Nikitschenko. Foram apresentadas denúncias contra 24 líderes nazistas e seis "organizações criminosas" – o gabinete de Hitler, o corpo de liderança do Partido Nazista, as SS (polícia do partido)

e SD (polícia de segurança), a Gestapo, as SA ("tropas de assalto" do partido) e o Estado-maior geral e o alto-comando do Exército.

Em 20 de novembro de 1945, o tribunal mudou para o Palácio da Justiça de Nuremberg, escolhido por ser espaçoso, com cerca de oitenta salas de audiência e 530 escritórios. Os danos causados pela guerra eram mínimos, e ao lado havia uma grande prisão não avariada. As sessões foram presididas pelo juiz Geoffrey Lawrence (mais tarde, barão de Trevethin e Oaksey), e os procedimentos seguiram a prática anglo-americana. Durante os 218 dias de julgamento, foram apresentadas 360 depoimentos de testemunhas, e 236 testemunhas compareceram pessoalmente ao tribunal.

Em 1º de outubro de 1946, foi dado o veredito a 22 réus originais. Robert Ley, organizador do trabalho escravo, cometera suicídio na prisão, e Gustav Krupp von Bohlen und Halbach, fabricante de armamentos, estava doente demais para comparecer ao tribunal e as acusações contra ele foram canceladas.

Hans Frank, governador-geral da Polônia; Wilhelm Frick, ministro do Interior; Alfred Jodl, assessor estratégico de Hitler; Ernst Kaltenbrunner, chefe das SD; marechal de campo Wilhelm Keitel; Joachim von Ribbentrop, ministro do Exterior de Hitler; Alfred Rosenberg, ministro de Territórios Ocupados; Fritz Sauckel, outro organizador de trabalho escravo; Julius Streicher, propagandista antissemita e *gauleiter* da Frangônia; e Arthur Seyss-Inquart, comissário dos Países Baixos ocupados: todos foram condenados à morte e enforcados no início da manhã de 16 de outubro de 1946, no velho ginásio da prisão de Nuremberg. Os corpos foram cremados em Munique, e as cinzas espalhadas no estuário do rio Isar.

O acerto de contas

Hermann Göring, comandante da Luftwaffe, também foi condenado à morte, mas se matou antes da execução. E Martin Bormann, organizador do Partido Nazista, foi condenado à morte à revelia, embora fosse declarado oficialmente morto em 1973 depois que um corpo identificado como o dele foi desenterrado em Berlim.

Walter Funk, ministro da Economia e presidente do Banco Central alemão, foi condenado à prisão perpétua, mas libertado em 1957 devido à doença e morreu em 1960. Erich Raeder, comandante-chefe da Marinha, também pegou prisão perpétua, mas foi libertado em 1955 por estar doente e morreu em 1960. Rudolf Hess, representante de Hitler que fez uma fuga dramática para a Escócia em 1941, também recebeu prisão perpétua. Praticou suicídio em 1987 na prisão de Spandau, em Berlim, onde ficaram os outros presos de Nuremberg.

Karl Dönitz, almirante da frota e sucessor de Hitler, foi condenado a dez anos de prisão. Foi libertado em 1956 e morreu em 1980. Albert Speer, ministro de Armas e Munição, foi condenado a vinte anos, libertado em 1966 e morreu em 1981. Baldur von Schirach, chefe do Ministério da Juventude e *gauleiter* de Viena, também foi condenado a vinte anos, foi libertado em 1966 e morreu em 1974. E Konstantin von Neurath, protetor da Boêmia e da Morávia, foi condenado a quinze anos de prisão, libertado em 1954 devido à doença e morreu em 1956.

Hans Fritzsche, chefe do Serviço de Imprensa do Ministério da Propaganda e, em essência, substituto de Goebbels, que se matara, foi absolvido, mas no procedimento subsequente de desnazificação foi condenado a nove anos de prisão; foi libertado em 1950 e morreu em 1953. Franz von Papen, vice-chanceler do primeiro gabinete de Hitler, foi absolvido, mas no processo de desnazificação foi condenado a oito anos de prisão, libertado em 1949, morreu em 1969.

Também recebeu absolvição Horace Greely Hjalmar Schacht, presidente do Reichsbank e ministro da Economia que ficara preso no campo de concentração de Flossenbürg desde 1944. As autoridades alemãs o prenderam até 1948. Ele morreu em 1970.

Foram considerados culpados o corpo de líderes do NSDAP (Partido Nazista), das SS, das SD e da Gestapo.

Embora uma nova reunião do Tribunal Militar Internacional estivesse planejada, a Guerra Fria começara e não havia mais cooperação entre os participantes. No entanto, outros tribunais militares reuniram-se nas zonas de ocupação francesa, britânica, norte-americana e soviética. O tribunal norte-americano foi estabelecido em Nuremberg e, em 9 de dezembro de 1946, começou o processo contra 23 médicos alemães acusados de participar do programa nazista de "eutanásia" para eliminar deficientes mentais e realizar experiências médicas em prisioneiros de campos de concentração.

O julgamento durou 140 dias. Oitenta e cinco testemunhas compareceram, e 1.500 documentos foram apresentados como prova. Dezesseis médicos foram considerados culpados. Sete foram condenados à morte e executados em 2 de junho de 1948.

Nos 12 processos subsequentes, em Nuremberg, 175 alemães foram condenados. No total, mil alemães foram condenados, sendo 250 deles à morte.

Em julho de 1945, a declaração de Potsdam também exigia o julgamento dos que tinham "enganado e desviado" os japoneses para a guerra. Como comandante da ocupação, o general Douglas MacArthur prendeu 39 suspeitos, a maioria deles integrante do gabinete de guerra do general Tojo. A vergonha de ser acusado de criminoso de guerra calou fundo em numerosos líderes japoneses, muitos dos quais prefeririam se matar. Tojo tentou, mas foi ressuscitado por médicos norte-americanos.

Julgamentos e tribulações

Em Manila, MacArthur já realizara julgamentos de crimes de guerra que resultaram na execução dos generais Yamashita e Homma, mas houve dúvidas sobre a legitimidade do processo. Ainda assim, em 6 de outubro MacArthur foi autorizado a julgar suspeitos em três amplas categorias. As denúncias da Classe A, "crimes contra a paz", deveriam ser feitas contra os principais líderes do Japão que tinham planejado e conduzido a guerra. As denúncias das Classes B e C, que poderiam ser realizadas contra japoneses de qualquer posição, incluíam, respectivamente, "crimes de guerra convencionais" e "crimes contra a humanidade". E, no início de novembro, MacArthur também recebeu autoridade para expurgar da vida pública outros líderes da época da guerra.

Em 19 de janeiro de 1946, criou-se o Tribunal Militar Internacional para o Extremo Oriente, com 11 juízes. O australiano *Sir* William Webb presidia o tribunal, e o general americano Joseph Keenan, advogado assistente, foi o promotor-chefe.

Os julgamentos de Tóquio começaram em 3 de maio de 1946 e duraram dois anos e seis meses. Em 4 de novembro de 1948, todos os réus restantes foram considerados culpados. Sete foram condenados à morte, 16 à prisão perpétua e dois a penas menores. Dois dos acusados morreram durante o julgamento e um foi considerado louco. Depois de rever as decisões, MacArthur elogiou o trabalho do tribunal e confirmou os veredictos. Ainda assim, Tojo continuou a declarar sua inocência.

"Nunca, em tempo algum, concebi que travar essa guerra seria ou poderia ser questionado pelos vitoriosos como crime internacional", disse ele, "ou que autoridades regularmente constituídas das nações vencidas seriam acusadas individualmente como criminosos sob qualquer legislação internacional reconhecida ou sob alegadas violações de tratados entre nações. Sinto que nada fiz de errado. Sinto que fiz o que era correto e verdadeiro."

Reparação

Em 23 de dezembro de 1948, o general Tojo e outros seis foram enforcados na prisão de Sugamo. Com medo de antagonizar o povo japonês, MacArthur desobedeceu à vontade do presidente Truman e proibiu fotografias. Em vez delas, quatro integrantes do Conselho Aliado estavam presentes, como testemunhas oficiais.

Os julgamentos de Tóquio não foram o único fórum para a punição de criminosos de guerra. Os países asiáticos que sofreram sob a máquina de guerra japonesa julgaram cerca de cinco mil suspeitos de crimes bélicos, executaram aproximadamente novecentos e condenaram mais da metade à prisão perpétua.

Na época, os japoneses foram considerados combatentes violentos, culpados de chocante selvageria. Eram capazes de surrar homens doentes e feridos e de rasgar a barriga de mulheres e crianças. Ficaram famosos por decapitar prisioneiros de guerra com um único golpe de espada. No entanto, a maioria dos soldados japoneses, na época, lutou da mesma maneira que os outros soldados do mundo inteiro, e muitos passavam as horas tediosas entre as ações escrevendo *tanka*, poemas tradicionais de cinco versos que eram ao mesmo tempo líricos e comoventes.

Os relatórios de informações baseados no interrogatório de prisioneiros capturados em ataques Aliados às ilhas controladas pelos japoneses, no início de maio de 1945, revelaram ainda mais sobre os soldados.

Os relatórios indicam que, em vez de fanáticos impiedosos, em geral, o moral dos soldados japoneses era baixo, principalmente entre os convocados, que eram a grande maioria. A maioria dos recrutas era mais velha, mal equipada e com a saúde debilitada. Com menos de um mês de instrução, não eram páreo para os Aliados que avançavam. Pareciam se ressentir especialmente da atitude superior e arrogante dos soldados japoneses regulares, cabos, sargentos e oficiais.

Konno Kleichi, prisioneiro PW X3004, agricultor de trinta anos capturado no norte de Omanay em 2 de maio de 1945, não conseguira acompanhar a retirada de sua unidade, o que não surpreende, dado o efeito debilitante da malária. O oficial interrogador, major F. W. Clifton, da Real Força Aérea australiana, observou: "O moral dos soldados na unidade de prisioneiros de guerra era baixíssimo. Todos os 120 homens da unidade, com exceção de três ou quatro, adoeceram com malária em épocas variadas. O 1º tenente Togashi, oficial comandante da unidade, falou aos homens em 29 de abril de 1945 e disse--lhes que não lhes restava nada a fazer além de engolir o orgulho e recuar."

Em "Observações", Clifton acrescentou: "O prisioneiro recebeu pouca instrução militar e não disparou seu fuzil na ilha."

Outro entrevistado de Clifton, Sadayoshi Tenga, PW X2011, de trinta anos e dono de uma peixaria, soldado de primeira classe da 165ª Companhia do II Batalhão da 75ª Brigada foi capturado na ilha de Samal em 8 de maio. Ele disse ter desertado para a guerrilha antijaponesa por estar "enojado com os maus tratos recebidos de oficiais, sargentos e cabos do exército". Tenga acreditava que, pela mesma razão, muitos alistados tinham desertado em Mindanao e "ido para as montanhas". Ele disse a Clifton: "A atitude dos soldados regulares diante dos recrutas era de desprezo. O prisioneiro de guerra era frequentemente maltratado por homens e oficiais."

Os japoneses foram considerados combatentes violentos, culpados de chocante selvageria. No entanto, a maioria dos soldados japoneses lutou da mesma maneira que os outros soldados do mundo inteiro na época...

Pendências resolvidas

Outro relatório revela a nobreza de certo major Matsuzaki, nas Filipinas, no caso de uma moça de pai japonês e mãe filipina considerada culpada de espionar para os americanos. Claramente, eles desenvolveram uma relação de tipo paternal, que entrou em jogo quando a condenada pediu ao major que comandasse sua execução. A data foi adiada para o dia seguinte, porque era o aniversário do imperador, e naquela noite o major negociou a fuga da moça para a ilha Samal. Ela sobreviveu e foi minuciosamente interrogada por um major da Real Força Aérea australiana, em maio de 1945. Não se conhece o destino do major japonês.

Em 10 de setembro de 1945, o britânico R. Munby foi enviado a Cingapura para ajudar a supervisionar a transição de poder dos vencidos para os vencedores. Pouco depois de sua chegada, trezentos oficiais japoneses cometeram haraquiri, ou suicídio ritual, no saguão do hotel Raffles. Um pelotão inteiro de oficiais também se explodiu com granadas de mão.

"Os moradores do bairro chinês ficaram muito mais contentes de ver os britânicos do que os malaios", observou Munby. "Por toda parte, fui recebido com expressões agradáveis e palavras de agradecimento, embora muitos moradores mais pobres estivessem tão perto de morrer de fome que sorrir deve ter sido um esforço e tanto para eles. O próprio fato de eu ter visto uma mulher morta, vestida com o blusão preto dos trabalhadores, caída na sarjeta, muito ostensiva, mas completamente ignorada pelos transeuntes, indicou conclusivamente o fato de que tais cadáveres eram coisa comum durante o reinado de terror japonês."

Ele observou prisioneiros japoneses sendo levados para o prédio da Associação Cristã de Moços, antes quartel-general da Kempei, a famosa polícia secreta japonesa.

"Os japas passaram a um metro de onde eu estava, e foi interessante notar a expressão em seus rostos", disse Munby. "Alguns davam mostras de grande humilhação, e provavelmente eram ferramentas obrigadas a cumprir as ordens de seu governo; outros eram criaturas arrogantes e brutais para as quais as vaias e o desdém da multidão nada significavam."

Até o último homem

Uma das metas do Japão na guerra foi atingida. Eles demonstraram que a Grã-Bretanha e as outras potências europeias eram incapazes de proteger a população nativa como o prometido, e, nas décadas que se seguiram à guerra, os europeus retiraram-se de suas colônias. Mas, enquanto o Japão abria mão do militarismo e transformava-se em potência industrial, alguns soldados imperiais continuaram lutando. Em 9 de março de 1974, o segundo-tenente Hiroo Onada saiu da selva na ilha Lubang, nas Filipinas, ainda armado com fuzil e granadas de mão, ele foi um dos numerosos soldados que se recusaram a acreditar que a luta terminara. Onada foi devidamente liberado do serviço militar. Não se rendeu. Somente o soldado Teruo Nakamura, formosino nativo preso na Indonésia em 18 de dezembro de 1974, aguentou mais tempo.

Multidão reunida na Times Square para ler a notícia da rendição do Japão no dia da vitória, em Nova York.

ÍNDICE REMISSIVO

Aachen 120
Adderley, Herbert 172
África, norte da
    ataque italiano no 44
    avanço em Gazala, 44-5
    batalhas de El Alamein 45, 45-8
    cerco de Tobruk 42-4
    e a Operação Tocha 53-4
Akyab, campo de pouso 164
Albânia 38
Alemanha
    baixas 8
    depois do Tratado de Versalhes 8, 13
    e o programa de rearmamento 13
    pacto de não agressão com a União Soviética 20, 59
Aleutas, ilhas 86, 87, 175-6
Alexander, Sir Harold 47, 55-7, 95, 96
Alexandria 45
Anderson, Kenneth 53
Angerapp, rio 135
Anticomintern, Pacto 19
Antuérpia 122
Anzio 95
Arakan 164
Arcangel 62
Ardenas 28, 123-5
Ardenas, Batalha das 123-5
Argel 53
Argélia 53
Arnhem 120-2
Arnim, Hans-Jürgen 54-7
Arras 29
Auchinleck, Claude 45, 47, 153
Augusta 91
Auschwitz 66-7, 137, 139

Austrália 154
Áustria 15

Babi Yar 60
Bari 94
Bastogne 123
Bataan, península 152
Beck, Josef 19
Bélgica 26-9, 35, 120, 122
Belgorod 118
Benes, Edvard 16, 17
Bergen, campo de concentração 132-3
Berlim 37, 135-7, 141
Betio, ilha 175, 176
Bielorrússia 64
Bielski Otriad 66
Birmânia 153, 163-73
Bizerte 53, 57
Blitzkrieg 15, 24, 37-8
Blumentritt, Günther 19
Bock, Fedor von 59, 65
Bolonha 93
Bône 54
Bormann, Martin 147, 202
Bornéu 152
Bose, Chandra 170
Boulogne 29
Bourguebus, serra de 110
Bradley, Omar 57, 111, 112
Braun, Eva 145
Brest 31
Briansk 65
Brindisi 93
Brotheridge, Herbert Denham 103
Budapeste 136
Bulgária 114

Busse, Theodor 141

Caen 106, 107-8, 109
Calábria 93
Calais 29, 101
"Camicases", ataques 186-9
Canal d'Aire 29
Caron, George 198
Casablanca 53
Catania 90
Chamberlain, Neville 16-17, 18, 19, 22, 27
Cherbourg 31, 106, 109
China
    ameaça do Japão 77-8
    ascensão do Partido Comunista 9
    baixas 7
    destruição na 9
Chindits, os 166
Choltitz, Dietrich von 114
Churchill, Winston 197
    demite Auchinleck 45
    e a abertura da segunda frente 95
    e a invasão da Noruega 25
    e a queda de Tobruk 45
    faz o discurso da "Batalha da Grã--Bretanha" 32
    faz o discurso "Nunca no campo do conflito humano" 37
    opinião sobre o julgamento de crimes de guerra 197
    ordena o bombardeio de Berlim 45
    sobre a batalha de El Alamein 47
    sobre a invasão da Itália 89
    sobre os Chindits 167
    sobre o rearmamento alemão 18
    torna-se primeiro-ministro 27
Cingapura 150
Clark, Mark 93, 96, 97
Clifton, F. W. 205
Colina 112 109
Colina 609 57
Compiègne 32

Corregidor 152
Cotentin, península 107
Crerar, Henry 111
Creta 38
Crimes de guerra, julgamentos 201-2
Curilas, ilhas 79
Currie, John 51

Dantzig 19
De Gaulle, Charles 31, 114
Dia D 101-3
Dieppe 100
Dietrich, Sepp 123, 125
Dinamarca 25
Dollfuss, Engelbert 15
Donahue, James 155, 160
Donitz, Karl 145, 202
Doolittle, Ataque de 82
Dresden 129
Dunquerque 28-9
Dvinsk 61
Dyle, rio 27

Eben Emael 27
Egito 42
Eisenhower, Dwight D.
    e a Batalha das Ardenas 123
    e a brecha de Falaise 113
    e a invasão da Polônia 24
    e a Operação Strike 57
    e a Operação Tocha 53-4
    e o bombardeio da Alemanha 123
    e o Dia D 101
    ordena a parada das forças aliadas 142
El Agheila 42, 44
El Alamein 42, 45-6
El Guettar 56
Elba, rio 142
Endifaville 57
Enna 91
Espanha 13
Estados Unidos
    apoio à União Soviética 59

ataque a Pearl Harbor 76
  baixas 8
  negociações com o Japão 76
  Operação Tocha 53
Etiópia 14
Etna, monte 92
Europa
  efeitos da Guerra Mundial 129
Extremo Oriente
  ataque à Índia 169
  avanço japonês pelo 149-54
  Birmânia 163-73

Falaise, brecha de 111, 112
Filipinas 150, 165, 180
Finlândia 62
Fletcher, Jack 155, 158
Fondouk 57
França
  declara guerra à Alemanha 22
  e a brecha de Falaise 111
  e a invasão da Polônia 24
  e o *bocage* 106-7
  e o Dia D 101
  invasão da 31
  libertação de Paris 114
  poderio militar da 27
  rompimento de Caen 103
França de Vichy
  criação da 32
  desembarques aliados na 114
  no norte da África 53
Frank, Hans 202
Fredendall, Lloyd R. 53
Freyberg, Bernard 95
Frick, Wilhelm 202
Fritzsche, Hans 203
Fuchida, Mitsui 79-80, 154
Funk, Walter 202

Gafsa 56
Galland, Adolf 126
Gatehouse, Alec 50, 52

Gazala 44-5
Gela 91
Gilbert, ilhas 176-7
Goebbels, Joseph 135, 144, 147
Gold, praia 103
Göring, Hermann 13
  e a Batalha da Grã-Bretanha 36
  e Dunquerque 28
  e o cerco de Stalingrado 67
  suicídio de 202
Gort, visconde 29
Gótica, Linha 97
Grã-Bretanha
  apoio à União Soviética 59
  baixas 8
  declara guerra à Alemanha 22
  declara guerra ao Japão 81
  e a Batalha da Grã-Bretanha 32
  e a brecha de Falaise 111
  e a invasão da Polônia 24
  poderio militar da
  retirada da França 25-7
Grã-Bretanha, Batalha da 32
Grécia 38
Grynszpan, Herschel 18
Guadalcanal 154-8
Guam 178, 179-80
Guderian, Heinz 15, 135
  e a Operação Barbarossa 59
  tenta estabilizar a frente oriental 135, 136, 137, 137-8
"Guerra de Mentira" 24
Guilhermina, rainha 26
Gustav, Linha 95, 96
Guzzoni, Alfredi 90

Haakon VII, rei 27
Hácha, Emil 18
Halsey, William "Touro" 160, 175
Harman, John 171
Harris, Arthur 126
Heinrici, Gotthard 141, 143
Henderson, Campo 155, 158

Henlein, Konrad 16
Hess, Rudolf 202
Hilpert, C. 148
Himmler, Heinrich 139, 141, 144
Hiroxima 197
Hitler, Adolf 12, 13, 14, 115, 140
    assina o "Pacto de Aço" 31
    começa o programa de rearmamento 13
    crença nos foguetes V 108
    declara guerra aos Estados Unidos 81
    durante a queda de Berlim 143
    e a Batalha das Ardenas 123-5
    e a Batalha de Kursk 116-7
    e a brecha de Falaise 111
    e a invasão da Polônia 24
    e a ocupação da Áustria 15
    e a ocupação da Renânia 15
    e a ocupação da Tchecoslováquia 16
    e a Operação Barbarossa 59
    e a Operação Leão Marinho 34
    e o avanço soviético na Europa 119
    e o cerco de Stalingrado 67
    ideias políticas de 11
    influenciado por Mussolini 6 11
    no armistício francês 8
    ordena a destruição de Paris 31
    ordena a invasão de Creta 38
    ordena a política de terra arrasada 61
    ordena o bombardeio de Londres 37
    ordena que pare a invasão da França 30
    ordena que Rommel não recue 42
    reação ao Dia D 101
    retorna a Berlim 126
    suicida-se 165
    tentativa de assassinato de 128
Hollis, Stan 104
Homma, Masaharu 203
Hong Kong 151
Horrocks, Brian 120
Hoth, Hermann 65
Howard, John 103

Hube, Hans 92, 93
Hungria 137, 138

Ialta, conferência 148
Imita, serra 161
Imphal 167, 169, 169-70
Índia 9, 164-6
Inui, Genjirous 159
Itália
    ascensão de Benito Mussolini 8
    começa negociações com aliados 92
    invasão da Sicília 90
    invasão da França 31
    invasão do território continental da 92
    planos da invasão da 92-3
    poderio militar da 87
Iugoslávia 9, 38
Iwo Jima 189-91

Japão
    ambições coloniais do 79-80
    Ataque de Doolittle ao 82-3
    baixas 8
    bombardeio do 173, 175
    depois do Tratado de Versalhes 13
    rendição 193
    uso de bombas atômicas no 197
Jodl, Alfred 202
Joyce, William 43
judeus
    começa a perseguição 14
    começo da Solução Final 60
    e a Kristallnacht 18
    libertação dos campos de concentração 132
    perseguição depois da invasão da Polônia 24
    planejada a Solução Final 66-7
    resistência 67
    sobre as "marchas da morte" 137
Jukov, Gueorgui
    e a defesa de Moscou 65

e a rendição da Alemanha 70
e o ataque a Berlim 141
e o cerco de Stalingrado 70, 72
Juno, praia 103

Kaku, capitão 87
Kasserine, desfiladeiro 55
Kato, Masuo 181
Keenan, Joseph 204
Keiji, Shibasaki 176
Keitel, Wilhelm 202
Kerch, península 67
Kesselring, Albert 32, 95
    e a invasão da Itália 91, 92, 93, 94, 96
Kharkov 67, 118
Kidney Ridge, *ver* Serra do Rim
Kiev 60, 64
Kincaid, Thomas 176
Kleichi, Konno 205
Kluge, Gunther von 107, 109-110, 112
Kobe 180
Kohima 169-70
Kokoda 160, 161
Konev, Ivan 141, 142
Kramer, Josef 133
Kristallnacht 18
Krupp von Bohlen und Halbach, Gustav 202
Kuala Lumpur 212
Kurita, Takeo 183, 184
Kursk, Batalha de 116-7
Küstrin, rio 142

Ladoga, lago 62
Lambert, Harold 168
Lammerding, Heinz 139
Lary, Virgil 124
Lawrence, Geoffrey 202
Le Mans 111
Le May, Curtis 181
Leeb, Wilhelm von 59
Leningrado 60
Leopoldo, rei 30

Letônia 59
Leuna, fábrica de combustível de 126
Ley, Robert 202
Leyte, Batalha do Golfo de 182-3, 184, 186
Liège 27
Liga de Esportes Aéreos 14
Liga das Nações 14
Lingayen, golfo 152
Liri, vale do 95, 96
Lituânia 59
Longstop Hill 54
Lucas, John P. 95
Lumsden, Herbert 50
Luxemburgo 28
Luzon 186, 187-8

MacArthur, Douglas 175, 182, 200, 203, 204
Maginot, Linha 25, 26, 31
Maizila, desfiladeiro 54
Makin 176
Malásia 150
Malmédy, massacre 123-4
Mamaiev, morro 69
Manila 152, 186
Manstein, Erich von 19, 74
Manteuffel, Hasso von 141
Mar das Filipinas, Batalha do 180
Mar de Coral, Batalha do 83, 161
Mar de Java, Batalha do 153-4
Mar de Sibuyan, Batalha do 183
Mareth, Linha 54, 55
Marianas, ilhas 178
Marrocos 53
Marshall, ilhas 176
Mateur 57
Matsuzaki, major 205
McAuliffe, Anthony 123
Medenine 55
Mers-el-Kébir 32
Mersa Matruh 45
Messina 91, 92
Metzger, Lothar 129

Meyer, Lawrence C. 159
Midway, Batalha de 85-7
Mikawa, Gunichi 156
Milão 98
Milne, baía 161-2
Miteiriya, serra 50
Mitscher, Marc 180
Model, Walther 116, 134
Molotov, Viatcheslav 59
Molotov-Ribbentrop, Pacto 59
Montagu, Ewen 89
Monte Cassino 95, 96
Montgomery, Bernard 47
   e Arnhem 120
   e a invasão da Itália 131
   e a invasão da Sicília 90
   e a Operação Tocha 53
   e a rendição da Alemanha 147
   e a travessia do Reno 120
   e o rompimento em Caen 107
   na Batalha de El Alamein 45-8
Morshead, Leslie 43
Mortain 111
Mosa, rio 29
Moscou 59-60
Mulberry, portos 108-9
Munby, R. 205
Murphy, M. P. 165
Mussolini, Benito 14, 89-90, 112
   ascensão de 8
   assina o "Pacto de Aço" 38
   invade a Etiópia 14
   morto 145
   ordena o ataque ao Egito 42
   preso 93
   resgatado da prisão 93
Mutaguchi, Renya 169, 173

Nagasaki 199
Nagumo, Chuichi 79, 80
Nakamura, Teruo 206
Narvik 25
Nettuno 95

Neurath, Konstantin von 203
Nikitschenko, Iola 201
Nikulina, Anna 147-8
Nimitz, Chester 82
Nishimura, Shoji 183
Noak, General 148
Nomonhan, Batalha de 77
Noruega 25-6, 140, 148

O'Connor, Richard 42
Okinawa 187, 189-90
Olver, Hartley 132-3
Omaha, praia 103-4, 105-5
Onada, Hiroo 206
Onishi, Takijirio 186, 188
Operação Barbarossa 59-51
Operação Dínamo 30-1
Operação Flintlock 177-8
Operação Fortitude 100
Operação Galvanic 176-7
Operação Goodwood 110
Operação Husky 90-1
Operação Leão Marinho 34, 37
Operação Market Garden 120-1
Operação Mincemeat 89
Operação Overlord 100
Operação Saar 23
Operação Strike 57
Operação Supercharge 51
Operação Tocha 53-4
Operação Zitadelle 116
Oran 53
Orel, saliente 117
Orne, rio 103
Ozawa, Jizaburo 180, 183

Pacífico, Guerra do
   ataque a Guadalcanal 154-8
   ataque a Pearl Harbor 76, 77-9
   Batalha das Salomão Orientais 158
   Batalha de Midway 79-81
   Batalha de Santa Cruz 160
   Batalha do Mar de Coral 161

e a Operação Galvanic 176-7
e as Ilhas Aleutas 86, 87, 175-6
e as Ilhas Marianas 178
e Iwo Jima 189-91
e Okinawa 187, 189-90
Pacto de Aço 31, 38
Pacto de Locarno 15
Países Baixos 26-7, 120-1
Palau, ilhas 182
Palermo 92
Papen, Franz von 203
Papua Nova Guiné 155, 160-2
Paris 114-5
Passo de Calais 101
Patton, George S. 101
    e a brecha de Falaise 111
    e a invasão da Sicília 90
    e a Operação Tocha 53, 48, 49
    e a travessia do Reno 120
    e o Dia D 101
    e o rompimento em Caen 107
Paulus, Friedrich 68, 73, 74
Pavesi, Gino 89
Pearl Harbor 76, 77-9
Pégaso, ponte 103-4
Peiper, Joachim 123, 125
Peleliu 182
Percival, Arthur 151
Petacci, Claretta 98
Pétain, Philippe 31
Polônia
    avanço soviético pela 59
    baixas 8
    invasão da 66
    pacto de não agressão com a Alemanha 13
    preparativos para a invasão 19
Port Moresby 161, 162
Potsdam, conferência 197
Primeira Guerra Mundial 23
Primsole 90
Prokhorovka 117

Qattara, depressão 46-7
Quisling, Vidkun 25

Rabaul 153, 175
Raeder, Erich 34, 202
Ramsay, Bertram 30
Ramsey, Logan 80
Randle, John 172
Rauss, Erhard 141
Rees, Taffy 171-2
Remagen 131
Renânia 14
Reno, rio 131
Reynaud, Paul 31
Ribbentrop, Joachim von 22, 59, 202
Riga 61
Ritchie, Neil 45
Rochefort, Joseph P. 86
Rokossovski, Konstantin 143
Roma 93-98
Romênia 38, 109
Rommel, Erwin 51
    e a invasão da França 31
    e a invasão da Itália 52
    e a Operação Tocha 53
    e as batalhas de El Alamein 45
    e Caen 52
    e o avanço sobre Gazala 44
    e o cerco de Tobruk 45
    e o Dia D 101
    na conspiração para matar Hitler 51
Roosevelt, Franklin D. 47, 81-2, 196
Rosenberg, Alfred 202
Rosenthal, Jack 191, 192
Rundstedt, Gerd von
    e a invasão da França 31
    e a invasão da Polônia 20
    e a Operação Barbarossa 59
    e a Operação Leão Marinho 34
    e Caen 107
Ryder, Charles 53

Saint-Malo 31
Saint Mère Église 103
Saint-Nazaire 31
Saipan 179-80
Salerno 93-4
Salomão orientais, Batalha das 158
San Bernardino, estreito 183
Sangro, rio 95
Santa Cruz, Batalha de 160
Santo Stefano 92
Sato, Kotoku 173
Sauckel, Fritz 202
Schacht, Horace 203
Schindler, Oskar 66
Schirach, Baldur von 202
Schmidt, Paul 16
Schmundt, Rudolf 19
Schörner, Ferdinand 141
Schuschnigg, Kurt von 16
Sedan, rio 29
Sena, rio 31
Segunda Guerra Mundial
    baixas na 8
    efeitos sobre a Europa 9
    fatos que levaram à 11-17
    origem na Primeira Guerra 31
Serra do Rim 50
Seyss-Inquart, Arthur 16, 202
Shaw, Ted 121, 134
Shigemitsu, Mamoru 200
Sicília 89-90
Sidi Barrani 42
Sidi Bou Zid 54
Sidi Omar 45
Siegfried, Linha 23
Simpson, William 142
Siracusa 91
Skorzeny, Otto 93
Slim, William 154, 164
Smolensk 59
Sobibor 66
Sollum 42, 45

Solução Final 60, 66-7, 139
Spaatz, Carl "Tooey" 129, 147
Speer, Albert 140, 202
Spruance, Raymond 180
Stalin, Josef 196
    e a Batalha de Nomonhan 77
    e o ataque a Berlim 141
    e o ataque a Kiev 60
    e o cerco de Stalingrado 67
    expurgo do Exército Vermelho 19
    reação à invasão alemã 59-62
    permanece em Moscou 60
Stalingrado 67-9
Streicher, Julius 202
Sudetos 16-7
Suécia 25
Sword, praia 103

Tailândia 151
Tansley, Ron 133
Taranto 93
Tassigny, Jean de Lattre de 148
Tatchell, Rodney 168
Tchecoslováquia 16-7
Tchuikov, Vassili 69-70, 73
Tedder, Sir Arthur 147
Tenga, Sadayoshi 205
Termoli 94
Thoma, Wilhelm von 52
Tibbets, Paul 198
Timmermann, Karl 131
Tobruk 42-4, 45
Tojo, Hideki 203
Tóquio 79, 181
Toulon 53
Tratado de Versalhes 8, 13
Trebble, Hugh 165
Treblinka 66
Trípoli 42, 45
Truman, Harry S. 196, 197
Tuczyn 66
Túnis 53-4

Tunísia 54-6
Turquia 44

Ucrânia 60
União Soviética
    avanço pela Europa Oriental 35
    baixas 8
    e a Operação Barbarossa 59
    e o cerco de Stalingrado 67
    invasão da Polônia 24
    pacto de não agressão com a Alemanha 20, 59
Ushijima, Mitsuri 193
Utah, praia 103

V, foguetes 108
Varsóvia 24, 64, 120
Vichy, ver França de Vichy
Vístula, rio 135
Volga, rio 65, 67-8, 69
Volturno, rio 95
Viazma 65

Wake, ilha 152
Wallenburg, Raoul 66
Wannsee 66
Ward, Orlando 56
Wavell, *Sir* Archibald 42, 153
Webb, *Sir* William 204
Weichs, Freiherr von 139
Weidling, Helmuth 143
Wenck, Walther 141, 144
Weygand, Maxime 30, 31
Wingate, Orde 166, 167, 168

Yamaguchi, Tamon 87
Yamashita, Tomoyuki 151, 186, 204
Yamamoto, Isoroku
    e a Batalha de Midway 79
    e o ataque a Pearl Harbor 77-8

Zilch, Gerhard 144